나는
마음을
짓는다

나는 마음을 짓는다

초판 1쇄 발행 2017년 2월 28일

지은이 이광래
펴낸이 전호림
책임편집 권병규
마케팅 · 홍보 강동균 박태규 김혜원

펴낸곳 매경출판㈜
등 록 2003년 4월 24일(No. 2-3759)
주 소 (04557) 서울시 중구 충무로 2(필동1가) 매일경제 별관 2층 매경출판㈜
홈페이지 www.mkbook.co.kr **페이스북** facebook.com/maekyung1
전 화 02)2000-2631(기획편집) 02)2000-2636(마케팅) 02)2000-2606(구입 문의)
팩 스 02)2000-2609 **이메일** publish@mk.co.kr
인쇄 · 제본 ㈜M-print 031)8071-0961
ISBN 979-11-5542-618-0(03320)

맨손으로 굴지의 주택건설회사를 일군

이광래 회장의 진솔한 이야기

이광래 지음

매일경제신문사

꿈과 현실 사이에서 방황하는 청춘들에게

상시구조조정 시대에 불안해하는 직장인들에게

또한 창업과 수성에 힘겨워하는 경영인들,

특히 동종의 건설업 경영자들에게

그리고 우미의 가족과 우미를 사랑해주신 모든 분들에게

이 책을 바칩니다.

추천사 1

정직의 물결이 퍼져나가기를

이광래 회장님이 자서전을 내신다는 이야기를 듣고 놀랐다. 그리고 반가웠다. 놀란 이유는 그분의 성품을 잘 알고 있기 때문이다. 남 앞에서 자신의 이야기를 쉽사리 내세우지 않는 것을 옆에서 지켜보았기 때문이다.

내가 이 회장님과 인연을 맺게 된 것은 우연이었다. 삼성전자에서 잔뼈가 굵어 부사장을 지내고 삼성테크윈 사장으로 현직을 떠났는데 어느 날 우미의 고문으로 일을 도와달라는 제의를 받았기 때문이다. 그래서 2006년부터 고문으로 일하게 되었고, 2007년 내가 코엑스 사장으로 갈 때까지 옆에서 자주 뵐 수 있었다.

1년 동안 회장님을 보면서 여러 면에서 깊은 인상을 받았다. 무엇보다도 '정직한 기업인'이라는 점이다. 성실한 납세를 통해 세금 많이 내는 것을 보람으로 여기는 것이라든가, 비싼 아파트가 아닌 가장 편리하고 마음에 드는 아파트를 짓는 게 목적이라며 대형 건설회사에서도 선뜻 나서지 못하는 조경에 큰 비용을 투입하는 것 등을 직접 보았다. 또한 회사가 어려울 때도 협력회사에 대한 자금결제는 꼬박꼬박 이행하는 등 그야말로 '신뢰의 기업 우미'를 만든 모범기업인임을 여실히 증명해 보였다.

사실 회사를 운영하다 보면 웬만한 결심과 신념이 아니고는 편법에 대한 유혹, 어떤 방법을 써서든 이익을 많이 내고 보자는 욕심을 떨쳐버리기가 쉽지 않다. 이를 누구보다도 잘 알고 있는 난, 회장님의 그런 경영철학이 같은 기업인으로서 항상 존경스럽고 고마웠다. 늘 삼성의 장점을 모델 삼아 회사를 운영한다며 겸손해 하면서도 한편으로는 삼성을 뛰어넘겠다는 큰 목표를 갖고 있는 것도 인상 깊었다.

특히 회장님 방에 들를 때마다 연로한 연세에도 불구하고 조금도 흐트러짐이 없이 사업구상에 골몰하는 모습은 참으로 인상적이었고 지금도 눈에 선하다.

회장님은 또한 초심을 잃지 않는 분이었다. 회사가 어느 정도 크게 되면 다른 분야로의 진출을 고려하는 게 보통이다. 꼭 문어발 경영이 아니더라도 자연스럽게 연관되는 사업분야가 생기다 보면 알게 모르게 한눈을 팔기 마련이다. 그럼에도 오직 '세상에서 가장 좋은 아파트를 마음으로 짓겠다'는 신념으로 외길을 걷는 모습은 많은 기업인들에게, 또한 창업을 꿈꾸는 젊은이나 직장인들에게 귀감이 되고도 남는다고 생각한다. 짧은 기간이었지만 같은 기업인으로서 회장님을 지켜보면서 '누구라도 저렇게 열정적이고 반듯한 자세로 일하면 반드시 성공할 수 있겠구나' 하는 생각을 갖게 되었다.

이번에 자전적 이야기가 책으로 나오게 되어 반갑기 그지없다. 많은 사람들이 회장님의 이야기를 직접 접하는 기회가 될 것이기 때문이다. 여행이나 출장길에서 우미가 지은 아파트를 볼 때면 "아하, 저 아파트가 마음으로 지은 집이라고 했지", "저 회사의 창업자가 정직한 분이라지" 하는 등의 이야기를 주변 사람들과 나누곤 한다. 이 책을 통해 혼탁한 사회에 '정직'의 물결이 잔잔히 퍼져나가기를 소망해본다. 출간을 진심으로 축하드리며 많은 이들이 일독하기를 권한다.

배병관
전 삼성테크윈 사장

추천사 2

군인들의 앞날에도 등대가 되길

이광래 회장님과 가깝게 교류하게 된 것은 한 명상센터에서의 만남 이후였다. 회장님은 〈신동아〉 2005년 8월호에 실린 '마음수련과 그 가치관'에 대한 나의 인터뷰 내용을 보고 그곳을 찾아왔다고 했다. 사실상 나는 학창 시절부터 '인생은 무엇인가', '나는 누구인가' 하는 의문에 대한 답을 찾으려 애썼고 군인이 된 후에도 늘 사색과 마음수련에 관심을 쏟아왔다. '군인이 웬 마음수련?'이라고 생각할지 모르겠다. 하지만 군의 장수가 내리는 결정은 전쟁 승패는 물론 부하들의 생명과 국가의 운명을 좌우하기 마련이다. 때문에 그러한 중대 결정을 감당할 마음의 힘을 스스로 길러 나가야만 하는 것이다.

그 만남 이후 회장님과 교류하면서 느낀 것은 이미 마음수행이 되어 있는 분이라는 점이었다. 잔잔하나 강인한 내공이 느껴졌다. 나중에 안 일이지만 창업을 하고 기업을 성장시키는 과정에서 여러 번의 풍파를 헤쳐왔고, 심지어 회사의 문을 닫아야 할 위기도 수차례 겪어왔던 것이다. 그러한 인생과정에서 마음수행의 중요성을 깨닫고 평소에도 늘 명상으로 마음을 다스려왔다는 것을 알게 되었다.

마음수련이 된 분이라 회사의 운영도 남다를 수밖에 없었다. 단순한 기업가가 아니었던 것이다. "집을 짓는 게 아니라 마음을 짓는다"라는 좌우명은 아무에게서나 나올 수 있는 말이 아니다. 삶과 사업의 이치에 통달한 혜안이 있을 때만 가능한 것이리라.

회장님은 젊은 시절의 군생활도 남달랐던 듯하다. 회장님을 알고 있는 군 출신 인사들은 하나같이 특출했던 것으로 기억한다. 군 제복을 입고 있던 젊은 날의 이광래 회장을 상상해보라. 반듯한 외모도 외모지만, 성품을 근본부터 올바르게 다져온 원칙주의자의 기운이 느껴진다.

상관에게는 예의 바르고 충성심이 강했지만 또한 공명정대하고 강인했다. 필요한 경우에는 부대의 공익이나 올바름을 위해 자신의 손실을 감수할 각오를 하면서 상관에게 진언을 하는 성품이었다. 그리고 업무에 있어서는 예리한 판단력과 빈틈없는 추진력으로 주위의 칭송을 받던 참 군인이었다. 반면에 부하들은 그에 대해 묘사할 때 '정확하고 따듯한 분'이었다고 말한다. 엄격하고 과묵해서 쉽게 칭찬을 하는 편은 아니었지만 늘 마음속으로 부하를 아끼고 배려하며 도와주기를 즐겼던 분이라는 것이다.

그러하였기에 창업 이후 국내외 경제 난국들을 거치면서도 오늘의 '우미건설' 성공 신화를 만들어낼 수 있었다고 본다. 군생활을 어영부영한 사람이 사회에 나와서 큰 성공을 거둘 수는 없는 법이니 말이다.

얼마 되지도 않는 퇴직금으로 시작해 역경과 좌절을 겪으면서도 끈질긴 의지로 오늘의 '우미'를 우뚝 서게 만든 이광래 회장님. 사실 이제야 자서전을 내는 것은 매우 늦은 감이 있다. 좀 더 일찍 후배들에게 많은 이야기와 교훈을 들려주었어야 했다고 생각한다.

이 책이 기업활동을 하는 후진들에게 좋은 충언이 될 것은 당연하다. 나로서는 무엇보다도 지금 군에 몸담고 있는 후배들에게도 옳은 방향을 제시하는 희망의 등대가 되기를 기대한다. 그들도 언젠가는 군문을 나서 건전하고 성공적으로 새로운 삶을 영위해 나가야 할 것이니 말이다.

이광래 회장님의 건강과 '우미'의 미래지향적 발전을 기원하며 추천사를 바친다.

김병관

육군대장(예) | 전 한미연합사 부사령관 | 전 제1야전군 사령관

추천사 3

이 시대 올곧은 기업인의 표상

존경하는 이광래 회장님의 자서전 출간을 진심으로 축하드린다. 일찍이 회장님의 인품과 기업인으로서의 성가聲價를 잘 알고 있었기에 왜 회고록이나 평전이 나오지 않는지 의문이었다. 알고 보니 그동안 회장님이 "내가 특별히 무얼 잘했냐"며 출간을 사양했다고 한다. 그 겸손한 성품에 감탄하지 않을 수 없다. 늦게나마 회장님의 진솔한 이야기를 접할 수 있게 되어 참으로 감사할 따름이다.

회장님이 어떤 분이냐 평가하라면 나는 딱 한마디, '올곧은 기업인'이라고 대답할 것이다. '올곧다'는 것은 평소 마음이나 상황 판단력이 바르고 곧다는 의미다. 회장님은 그런 분이다. 기업인 이전에 한 인간으로서 곧은 성격과 인품을 지녔다. 우미건설을 창업해 수많은 주택을 지으면서 "집을 짓는 게 아니라 마음을 짓는다"라는 말로 주변을 일깨워온 사례는 회장님의 올곧은 마인드를 여실히 보여준다.

회장님은 나와 동향이며 특히 강진농고의 대선배다. 고향 강진에서는 신화와 같은 존재로 불린다. 특히 내가 정치권에 몸담고 있을 때 "강진농고 후배로서 농업, 농촌, 농민들을 위해 국회에서 의정활동을 열심히 잘하고 있어 매우 고맙고 마음 든든하다"며 따뜻이 격려해주었던 것을 지금도 잊지 못한다.

그는 어려운 여건에서 어린 시절을 보내고 "군에 입대한 것이 오히려 편했다"고 할 정도로 온갖 풍상을 다 겪으며 청년기를 보냈다. 그리고 군 출신으로서 기업을 일으켜 오늘의 우미를 만들었다. 난 이를 지켜보며 늘 깊은 감사와 존경의 마음을 가져왔다.

회장님은 흔히 말하는 '금수저'로 태어난 것도 아니며, 운이 좋았거나 때를 잘 만난 것도 아니었다. 오로지 도전정신과 열정, 철저한 기획력, 완벽한 진단과 처방을 통해 오늘의 우미를 일구었다. 그 와중에 선택과 집중을 통한 리더십과 성심을 다한 노력이 뒷받침되었음은 말할 것도 없다.

무엇보다도 올곧은 성품 그대로 원칙을 고수하는 정도경영을 통하여 기업경영의 모범이 되었다. 예컨대 국제금융위기IMF를 거치면서 전남 광주지역의 내로라하는 많은 건설회사들이 워크아웃이나 부도사태에 직면했을 때조차 그가 이끄는 우미는 공사대금을 체불하지 않고 협력업체와 함께 어려움을 극복했다. 이 이야기는 지금도 지역 경제계에 전설처럼 회자되고 있다.

뿐만 아니라 자녀들에게도 엄격한 기준을 적용하여 책임 있는 사회인으로 건전한 기업경영의 역할을 성실히 감당케 하고 있다. 그동안 우리 사회에선 경영 2·3세 간의 다툼과 파문이 고질적으로 계속돼왔지만 우미건설은 그런 일 하나 없이 정의롭고 튼실한 기업경영의 모델이 되고 있다. 오죽하면 우미아파트 입주민들이 우미건설의 그러한 '올곧음'을 오래도록 기리고자 자발적으로 기념비까지 세우는 일이 벌어졌겠는가? 우미의 아파트에서 살아본 사람들이 "처음에는 다른 아파트와 비슷한 것 같은데 살아보면 살아볼수록 좋은 아파트임을 알게 되어 애착이 간다"고 말하는 것은 결코 우연이 아닐 것이다.

이번 자서전 출간을 계기로 존경하는 이광래 회장님의 올곧은 경영이념이 다른 기업에 표상이 되고, 창업을 꿈꾸는 모든 이들에게 널리 확산되기를 기원한다. 100세 시대 성공의 표상으로서 주변의 수많은 사람들에게 큰 격려와 함께 많은 감동을 안겨준 이광래 회장님. 더욱 행복한 삶, 기쁨과 감사의 보람된 삶을 영위하시기를 간절히 기원한다.

김영진

5선 국회의원 | 전 농림부 장관 | 광주대학교 석좌교수

추천사 4

현장에서 경영학 이론을 만들다

이광래 회장님은 나와 동향이며 초·중·고등학교 선배다. 한번은 내가 전남대학교 경영대학 교수로 재직할 당시 "건설업을 창업했다"며 찾아온 적이 있었다. 회장님은 "직원을 채용하려고 하니 우수한 학생을 서너 명 추천해달라"고 했다.

솔직히 그 부탁을 들어주기는 쉽지 않았다. 당시 우미건설은 아직 이름이 크게 알려지지 않은 상황이었고, 전망 역시 불투명한 초창기 영세기업에 불과했기 때문이다. 일반적으로 대기업 또는 공기업을 선호하는 우수한 학생들이 전망 불투명한 지방의 건설회사에 취업하려 하겠냐는 우려가 앞섰다.

그러나 나는 그분의 철학과 지난 삶을 잘 알고 있었기에 우수한 학생을 추천해보기로 했다. 회장님은 원칙주의자로서 자신의 행동과 말에 책임을 지는 분이었다. 나에게까지 와서 우수한 학생을 추천해달라고 할 정도면, 회사의 미래는 물론 추천받은 학생의 미래를 책임질 것임을 확신했기 때문이었다.

그때 두 명을 추천했었는데, 회장님은 책임질 수 있는 한 사람을 선택했다. 그 사람이 지금 우미에서 전무로 재직 중인 장동석이다. 결국 회장님은 이심전심으로 주고받은 나와의 약속을 지킨 셈이다.

그 후 나는 경영학을 연구하는 학자로서 회장님이 어떻게 우미를 경영하는지 늘 관심 있게 지켜봤다. 회장님은 경영에 대한 이론을 배우고 익혀서 현장에 적용한 것이 아니었다. 치밀한 계획을 세운 후 도전과 실천을 통해 '이광래식 경영학 이론'을 스스로 만들어낸 것이다.

신뢰를 최고의 가치로 두고 원칙중심의 경영을 실천한 것은 우리나라 풍토에서 정말 어려운 일이다. 친동생의 부탁까지 거절하며 우미를 키운 그 과정과 고뇌를 제3자가 어찌 다 알 수 있으랴.

듣기로는 자금 유동성 파악을 위해 월별로 '3개년 자금수급계획서'를 꼼꼼히 작성해왔으며, 이를 위한 서식 역시 시행착오를 겪으며 수정과 보완을 거쳐 직접 창안한 것이라고 한다. 웬만한 규모의 기업에서도 그 정도 자금수급계획서를 만들기는 쉽지 않을 것이다.

세상에 알려지지 않았지만, 2007년에는 졸업한 지 60여 년 만에 모교인 '강진중앙초등학교'를 찾아 수억 원대에 이르는 공사를 통해 교문, 운동장 주변의 석조계단과 조경 등을 말끔히 정비해준 바 있다. 하지만 어디에도 기증자의 표적을 남기지 않았다. 또한 60여 년이 지났음에도 초등학교 시절의 은사를 정성스레 찾아뵙곤 한다. 심지어 어떤 은사의 경우 후손까지 찾아 감사와 격려를 보내기도 했다. 뿐만 아니라 2006년도부터 장학재단을 설립해 불우 청소년과 국가유공자 자녀들을 지원하는 등 남모르게 사회에 대한 기여를 많이 하고 있다. 그야말로 기업의 사회적 책임을 행동으로 실천하고 있는 것이다.

이번의 자서전도 처음에는 완강히 고사했다고 들었다. 워낙 내세우기를 좋아하지 않는 겸손한 분이라 충분히 이해하고도 남을 일이다. 하지만 독자 입장에선 이번에 회장님의 족적과 생각이 일부나마 세상에 알려지게 된 것이 다행스러울 따름이다.

많은 이들이 이 책을 통해 회장님의 이야기에 귀 기울이게 되기를 소망한다.

윤순석

미국 웨스턴일리노이대학교 회계학 교수 | 전남대학교 명예교수

프롤로그

'우미'와 함께한 삶을 돌아보며

돌아보니, 어느덧 내 나이 팔십이 훌쩍 넘었다. "인생은 한순간"이라는 말이 실감나게 느껴지는 요즘이다. 남들이 보기엔 평탄하게 살아온 팔자 좋은 사람으로 느껴질지 모르나, 6·25전쟁과 보릿고개를 경험한 세대의 삶이 어찌 평탄할 수 있으랴. 어린 나이 학창시절부터 행상을 해봤고 무작정 상경으로 호된 고생을 경험해봤으며, 군대 시절에는 사병에서 장교로, 또 월남의 전쟁터에도 가봤으니 '파란만장했다' 해도 과언이 아닐 것이다.

그뿐이 아니다. 40세 젊은 나이에 군문을 나서 창업을 하겠다며 뛰어든 사회는 결코 녹록치 않았다. 고난과 도전, 좌절과 성취가 어우러진 다사다난한 삶을 살아온 터라, 주위로부터 나의 족적과 사연을 기록으로 남겨보라는 권유를 많이 받았다. 이를테면 '자서전' 또는 '회고록'을 써보라는 것이다. 그런 말을 들을 때마다 나는 한결같이 이렇게 대답했다.

"무슨 자서전! 내가 뭘 한 게 있다고?"

그렇게 일언지하에 물리치면서 오늘에까지 이르렀다. 그런데 나이가 들면 의지가 약해지는 걸까. 아니면 인생 발자취를 남겨보고 싶은 인간적 욕구가 생기는 걸까. 언제부터인가 주위의 권유가 나름 일리 있다는 생각이 들기 시작한 것이다. 설령 '뭘 한 게' 없더라도 인생 80여 년이 결코 짧은 세월은 아니기에 남길 이야기가 분명히 있었다. 자기자랑의 자전적 이야기가 아니라 교훈적 이야기로서라도 말이다. 그리하여 여러 생각 끝에 결국 기록해보기로 결심했다.

돌아보면 어떻게 여기까지 왔는지 만감이 교차한다. 뜻을 세워 사업을 시작했을 때는 사무실 한 칸을 마련하지 못해 동업자의 대리점 구석에 책상 3개를 놓고 2명의 직원과 회사를 차렸다. 그렇게 출발한 우미를 30여 년 만에 시공능력평가 30위권의 견실한 건설회사로 키웠으며 그동안 공급한 주택만도 10만여 세대에 이르게 되었다. 뿐만 아니라 현재까지 많은 금액을 은행으로부터 조달하며 사업을 해왔지만 단 하루도 연체한 사실이 없으며, 나는 대주주로서 회사의 잉여금 대부분을 유출하지 않고 자본금으로 적립하여 재무구조를 튼튼히 해왔다. 이러한 실적을 기반으로 앞으로는 해외에 진출하여 세계인들에게 우미의 아파트를 공급하겠다는 야심찬 목표를 세울 정도가 됐으니 한 인간으로서의 소회가 없을 수 없다.

이를 담아내기로 작심하고 펜을 잡으니 그간 맞닥뜨려야 했던 우여곡절과 시련, 도전과 극복의 과정이 파노라마처럼 나의 뇌리를 스쳐 지나간다. 그것을 무딘 필설로 어찌 다 담아낼 수 있겠는가. 그래서 중요시점의 중요사건을 중심으로 스토리를 엮어보기로 했다.

그러나 우미의 세부적인 사업내용과 성장사는 회사의 역사가 기록할 부분이다. 나는 창업과정에서부터 내가 어떤 신념으로 회사를 만들어 운영하고 키워왔는지 밝히는 선에서 절제하였다. 그 부분은 오직 창업자인 나만이 알 수 있는 것이요, 언젠가는 '현존'이 아니라 '역사'가 될 것이기 때문이다.

여타 자서전처럼 어린 시절부터 지금까지를 순차적으로 다루지 않고, '창업이야기'를 가장 먼저(1부) 다루었다. 우미의 창업이야말로 내 인생의 가장 핵심적인 이야기이기 때문이다. 그리고 2부는 어떤 신념과 방침으로 우미를 경영해왔는지 밝혔고, 3부에서는 어린 시절과 군생활 등 젊은 날의 기록을, 마지막 4부에서는 이 책의 제목 '나는 마음을 짓는다'를 이해할 수 있도록 평소에 나 스스로 어떻게 마음을 다스리고 살아왔는지, 그리고 우미의 임직원들에게 어떤 이야기를 강조해왔는지 옮겨보았다. 이를 통해 나의 삶과 생각을 이해할 수 있을 것이다.

글을 쓰다 보니 어쩔 수 없이 우미의 창업과 성장과정에 관한 이야기에 많은 지면을 할애할 수밖에 없었다. 그것은 나의 인생을 관통하는 최대의 발자취와 성취가 '우미'이기 때문이다. 어린 시절과 학창시절 그리고 군대생활, 심지어 창업 초기에 겪어야 했던 전자회사와 양돈사업 실패마저도 어쩌면 우미의 탄생을 위한 준비과정이었다고 할 수 있다. 이러한 점에서 스토리의 핵심은 나의 개인사보다는 우미의 성장사로 모아질 수밖에 없었다.

나는 장점보다 부족한 점이 많은 사람이기에 가능한 한 자화자찬이 되지 않도록 신경 써서 글을 썼다. 그럼에도 불구하고 스토리를 기록하고 보니 실패담보다는 성취담으로 이야기가 흐른 감이 없지 않다. 이건 자서전의 특성이요 한계로, 본래 집필 의도는 전혀 아니었음을 독자 여러분이 이해해 주시리라 믿는다.

남들이 보기에는 작은 성취일지 모르지만 그 과정에서 쏟아 부은 나만의 신념이 있었고, 지금도 계속되고 있기에 그것을 이야기해주고 싶었다. 지금까지의 발자취를 기록으로 정리해두는 것은 개인적으로는 나의 집안을 위해서, 그리고 공적으로는 우미의 영원한 발전을 위해서도 필요하다고 생각했다. 뿐만 아니라 이 기록은 앞으로도 그렇게 살 것이며 그런 기업으로 성장해갈 것이라는 다짐이기도 하다.

여느 자서전처럼 영웅적 활동이나 극적인 에피소드는 적을지 모르나 맨손으로 시작하여 오늘에 이른 한 인간의 진솔한 서술이기에 나름의 가치가 있을 것이라 생각한다. 한 기업의 성장사요 한 개인의 인생사지만 읽기에 따라서는 영감을 얻을 수 있고 때로는 용기를 얻을 수도 있을 것이다.

치열한 경쟁과 불확실한 미래로 세상살이가 힘겨운 때 꿈과 현실 앞에서 방황하는 젊은 청춘들, 상시구조조정 시대에 앞날을 걱정하고 불안해하는 직장인들, 그리고 창업을 꿈꾸고 도전해보지만 너무 어려운 여건에서 어쩔 바를 모르는 사람들, 또한 창업은 했지만 어떻게 수성해야 할지 궁금해 하는 경영인들, 동종의 건설업을 운영하는 사람들, 특히 내 필생의 작품인 '우미'를 사랑하는 임직원과 고객 등 모든 분들께 겸허한 마음으로 나의 진솔한 이야기를 바친다. 아무쪼록 '노욕老慾'이요 늙은이의 잔소리라고 나무라지 않았으면 좋겠다.

우미의 창립 35주년에 즈음하여 이 책을 내면서 마지막으로 당부 드리고 싶은 말이 있다. 지금까지 기업을 경영해오는 과정에서 혹시라도 우미 또는 나로 인하여 마음이 아팠거나 불편했던 분들이 있다면 이 지면을 빌어 송구한 마음과 함께 위로의 말을 꼭 전하고 싶다. 우미의 임직원은 물론 나의 식솔들에게 "세상을 덕으로 살라"고 늘 강조해왔지만 아직도 부족한 점이 많아 그렇게 됐을 것이다.

끝으로 이 책을 낼 수 있도록 지난날의 기록과 자료를 꼼꼼히 챙겨줌은 물론, 주저하고 머뭇거리는 나에게 책을 낼 용기를 준 김상봉 부회장과 관계자들에게 감사의 말을 전한다.

2017년 2월 28일
우미창립 35주년에
이광래

차례

2부 경영 이야기- 시련을 넘어 도약으로

3부 인생 이야기- 어린 시절과 군대 시절

4부 생활 이야기- 나의 생각, 남기고 싶은 말

1부

창업 이야기

나의 꿈, 나의 도전

'창업'에 도전하다

내가 사업을 해보겠다며 창업을 꿈꾼 것은 군생활을 마무리할 즈음이었다. 젊은 날 내 직업은 군인이었다. 6·25전쟁이 끝나고 아직도 나라가 폐허의 그늘을 안고 있던 1955년 3월에 사병으로 군에 입대한 나는 2년 후인 1957년에 갑종간부로서 장교소위가 되었고 1973년 8월에 소령으로 예편하기까지 18년간을 군에서 보냈다. 길다면 길고 짧다면 짧은 세월 동안 나의 청춘을 그곳에서 불살랐다.

군생활은 나의 인생에서 큰 의미를 갖는 것이었으나(뒤에서 소상히 밝힌다) 한계 또한 분명히 있었다. 보병 같은 전투병과가 아닌 경리병과였기에 진급에 한계가 있었다. 또한 사관학교 출신이 아니었기에 보이지 않는 제한과 차별이 있었던 것도 사실이다. 오늘날의 군대와는 사정이 많이 달랐다. 군에 입대해 장교가 될 때는 누구나 장군을 꿈꾸지만 병과와 출신은 현실적인 장벽이었던 것이다.

특히 경리장교는 돈을 다루는 자리이기에 업무상 생길 수 있는 부정과 부패를 미연에 방지하기 위해 평균 1년 6개월에 한 번쯤 근무지를 옮기도록 되어 있어 가정생활과 자녀교육에도 상당한 애로가 있었다. 그 때문에 나는 적당한 기회에 전역을 하여 다른 길을 찾아야겠다고 내심 작정하고 있었다.

군을 떠나 회사를 차리다

그럼 무엇을 해야 하나? 지금은 세상이 달라져서 젊은이들이 희망하는 직업 1순위가 공무원이고, 직업군인을 희망하는 사람도 많지만 그때는 사정이 달랐다. 군인과 공무원은 '박봉'의 상징이었다. 제대한 후 민간 대기업에 재취업하는 길도 있겠지만 40대의 나이로 사회에 나와 새로운 직장에 취업한다는 것은 쉬운 일이 아니었다. 요즘 같은 100세 시대엔 40세 나이도 젊은 청춘이라 창창하지만 그때는 이미 중년 취급을 받던 시대였다.

그래서 전역을 생각하며 머리에 떠올린 것이 창업이었다. 하긴 그때나 지금이나 창업은 월급쟁이의 꿈이요 로망이다. 그것 또한 쉬운 길은 아니었지만 일단 전역을 하게 되면 작더라도 '내 사업'을 하겠다고 마음먹었다.

"군인들은 사회물정을 모른다"는 이야기가 있었던 만큼, 험난

한 앞날과 불안한 미래가 예상되었다. 그러나 내 가슴속에는 새로운 세상에 도전해보겠다는 의욕과 자신감이 꿈틀거렸다. '하면 된다'는 군인정신이 발동했던 건지도 모른다. 그렇다고 무작정 '맨땅에 헤딩하는' 식으로 할 수는 없는 일이다. 그래서 나는 경리장교로서 몸에 밴 습관대로 꼼꼼히 구상했다. 전역하기 6개월 전쯤부터 어떤 사업이 좋을지 여러 가지 정보를 수집하면서 세밀하게 체크했다. 그러나 딱히 떠오르는 사업이 있는 것은 아니었다. 꼭 어떤 사업을 하겠다고 결정하지는 못했지만 일단 군을 떠나기로 마음 먹었다. 현실과 부딪히면 어떤 형태로든 방향이 잡힐 것이요 길이 열릴 것임을 믿었다. 하여튼 군에 남는 것보다는 낫겠다는 판단이 섰다. 젊음의 피 끓는 열정이 있었기 때문이리라.

그렇게 나는 군을 떠났다. 1973년 뜨거운 여름의 끝자락인 8월 31일이었다. 내 나이 만40세였다. 나는 퇴직금을 연금이 아닌 일시불로 수령하였다. 사업을 하려면 목돈이 필요했기 때문이다. 나는 평소에도 "전역하면 나머지 삶을 매월 연금이나 타먹으면서 살아가지는 않겠다"고 생각했는데 연금을 일시불로 받는 것으로 그 다짐을 실행에 옮겼다.

돌이켜보면 퇴직금을 연금이 아닌 일시불로 받은 것 자체가 큰 모험이었다. 연금을 받으면 근근이나마 생활의 안정을 얻을 수 있지만 일시불로 받은 퇴직금을 사업실패로 날리게 된다면 앞날이 캄캄해질 수도 있는 것이다. 그러나 역설적으로 '배수진을 치는 효과'도 있었다. 장래가 불안할수록 필사적인 노력을 할 것이요 살아남기 위해서 어떻게 해서든 사업을 성공시킬 것이기 때문이다. 그리하여 퇴직금 180만 원을 일시에 수령하고 그때까지 틈틈이 모아두었던 약간의 저금을 합하여 사업 밑천을 마련하였다.

군을 떠난 후 창업의 꿈은 의외로 쉽게 실현되었다. 개인사업을 하던 고향 친구가 내가 전역한 것을 알고는 동업을 통해 새로운 사업을 할 것을 제의해 왔던 것이다. 그 친구는 상업미술 분야에서 '국제 원색사'를 운영하면서, 그와 함께 TV회로기판을 만드는 소규모 전자부품회사를 새로 시작하려던 참이었다.

1970년대 초의 우리나라는 TV가 대중화되기 시작하는 시기였고 전자부품을 다루는 업종 역시 새로운 분야로서 매우 유망한 때였다. 비록 내가 전자부문에 대해 아는 것이 없고 친구가 제시한 사업도 내용적으로 어설픈 면이 있긴 했지만, 그런대로 전망이 괜찮을 것 같았다. 그래서 일단 함께 회사를 만들기로 하였다. 그리하여 퇴직금 가운데 150만 원을 창업자금으로 투자했고 친구 역시 같은 금액을 내놓아 전자회사를 만들었다.

회사의 이름은 '동광써키드'로 정했다. 그리고 서울의 동대문운동장 부근에 50평 남짓한 규모의 공장을 전세로 마련하여 1973년 10월에 문을 열었다. 전역한지 두 달이 채 되지 않았을 때니 얼마나 빠른 창업인가. 전자회사라고는 하지만 원자재를 들여온 뒤 그것을 조립해서 TV회로기판을 만드는 정도의 회사였다. 15명 가량의 직원들과 함께 수많은 테스트를 거치며 시제품을 만드는 작업에 들어갔다.

퇴직금 대부분을 창업자금으로 투자하였으니 '이러다 사업이 안 되면 어쩌나' 싶어 은근히 걱정이 되었다. 하지만 한편으로는 전역과 동시에 창업을 하고 마음을 붙여 열심히 일할 수 있게 된 것이 행운이라 생각되기도 했다.

첫 사업의 참담한 실패

그러나 세상살이가 어디 그렇게 간단하던가? 창업이 생각처럼 쉽게 되던가? 아니, 창업 자체는 쉽지만 그것을 성공시키는 것이 얼마나 어렵던가! 친구 덕분에 의외로 빨리 그리고 쉽게 창업의 꿈을 이뤘다며 희망과 의욕을 불태운 것도 잠시, 곧 뼈아픈 좌절의 순간을 맞아야 했다.

회사가 출범한지 불과 5개월밖에 지나지 않은 이듬해 봄(3월), 동광써키드가 시제품 제작에 한창 힘을 쏟고 있을 때 느닷없이 동업자인 친구가 중병에 걸려 누워버린 것이다. 전혀 예상치 못한 상황이었다. 제품이 좋지 않다거나 시장상황이 여의치 않아서가 아니라 동업자의 건강이 문제가 되다니. 그것도 창업 후 불과 몇 달 만에 말이다. 누가 이런 일을 상상이나 하였겠는가. 참으로 난감했다. 친구는 건강이 악화되어 더 이상 회사운영을 함께 할 수 없는 지경이었다. 어쩔 수 없이 친구는 사업에서 손을 뗄 수밖에 없었다. 그렇게 되자 상황은 급전직하, 건잡을 수 없는 상태로 빠져버렸다. 군 제대 후 이제 겨우 전자사업에 대해 눈을 뜨고 있을 때 동업자가 빠져버리니 도저히 회사를 운영할 수가 없었던 것이다. 혼자서 감당할 수가 없었다.

설상가상으로 채권자들이 몰려들었다. 자본금이 적어 영세하기 이를 데 없는 회사였기에 시제품을 만들기 위한 부품과 원자재를 외상으로 들여올 수밖에 없었는데 그것이 화근이었다. 그들은 회사가 어렵게 돌아가고 있다는 것을 눈치 채고는 돈을 갚으라고 아우성쳤다. 그 상황에서 어쩌겠는가. 결국 사업을 거둬들여야 했다. 어쩔 수 없이 회사는 송두리째 다른 사람의 수중으로 넘어가고 말았다.

황당했다. 나는 사업을 시작한 후 물건 한 번 제대로 만들어보지도 못하고 반년도 채 못 되어 퇴직금을 날려버린 것이다. 참담한 실패였다. 아, 그때의 좌절과 막막함이란! "역시 세상물정 모르는 군인 출신"이라는 주위 사람들의 비아냥거림이 귀에 들리는 듯했다.

고향에서 재기를 꿈꾸며

오랜 군생활, 그리고 전역과 동시에 뛰어든 첫 사업 실패로 나는 심신이 지쳐버렸다. 그때 떠오른 것은 고향이었다. 어쩌면 인간의 회귀본능이 작동한 것인지도 모르겠다. 어머니 품 같은 고향으로 일단 내려가야겠다고 생각했다. 한편으로는 군에서 빈틈없이 꽉 짜인 생활방식으로 살아온 터라 조용하고 한가로운 시골의 전원생활이 그리워지기도 했다.

그 당시만 해도 우리나라는 지금처럼 세계 10위권을 오르내리는 경제선진국이 아니었고 선진 IT국가도 아니었다. 수차례에 걸쳐 정부가 실시한 '경제개발5개년계획'의 성공적인 추진을 통해 신흥공업국가로 진입을 시도하던 때였고, 전국 방방곡곡에서 새마을운동이 활발하게 전개되면서 가난의 굴레를 벗어나려 몸부림치는 시기였다. 대도시 몇 군데를 제외하면 전국이 농촌 분위기를 풍기던 때요, 도시생활에 지쳤거나 봉급쟁이로 퇴직한 사람들이 툭하면 "시골에 가서 농사나 짓지"라고 말하던 시기였다.

결국 서울생활을 접고 고향으로 발길을 돌렸다. 당시의 강진은 너무 시골인지라 군생활을 했던 인근 대도시 광주로 내려갔다. 무작정 고향 근처로 내려갔지만 명확히 해야 할 일이 있었던 것은 아니었다. 그곳에서 지친 심신을 달래고 회복하며 새로운 계획을 세워봐야겠다고 생각했다. 그러나 쉬는 것도 하루 이틀이지

몸이 근질거리고 마음이 잡히지 않았다. 평생 동안 쉬어본 일이 없던 나로서는 할 일 없이 지내는 것도 고역이었다. 그럼 무슨 일을 해야 하나? 그것이 또 다른 고민으로 다가왔다.

농촌에서 전통적인 농사, 즉 논농사나 밭농사를 한다면 입에 풀칠은 하겠지만 그런 일로 크게 성공하기는 어렵고, 그렇게 되면 군생활을 정리한 의미도, 고향을 찾은 의미도 없다는 생각이 들었다. 그때나 지금이나 나는 남다른 포부와 열정이 있었다.

우선 고향에서는 눈에 띄는 것이 농사였기에, 농사를 하되 사업이 될 만한 것은 없는지 살펴보았다. 뭔가 좀 색다르게, 이왕이면 사업답게 할 수 있는 일이 무엇인지 찾으려 했다. 그래서 여러 사람들을 만나면서 정보를 취합했다. 사업성을 판단하기 위해서다. 그리고 종합적으로 고민한 끝에 평범한 논농사보다는 양돈사업이 괜찮겠다는 판단이 들었다. 양돈을 떠올린 것은 당시 대규모로 양돈사업을 하는 농가가 그리 많지 않은 데 비해 돼지의 가격이 제법 비쌌기 때문이었다. 잘만 하면 사업성이 있고 수입도 괜찮을 것이라는 판단이 섰던 것이다.

양돈사업으로 다시 시작

첫 사업을 실패한 아픈 경험 때문에 양돈사업을 벌이기에 앞서 좀 더 철저한 준비를 하기로 했다. 또다시 실패한다면 정말이지 재기하기 힘들 것이라는 불안함이 있었기 때문이다. 그래서 이름난 돼지사육 농가를 찾아다니며 양돈에 관한 여러 정보와 지식을 얻으려 했다. 주먹구구식으로 해서는 또 실패할 것이 뻔하지 않은가. "아는 만큼 보인다"는 말처럼 '양돈'에 대해 잘 알아야 사업에 성공할 것은 당연한 이치였다. 그때 여러 번 찾아다닌 사업장이 경기도 용인과 서울 천호동, 특히 잠실에 있던 대동양돈장 등이었다. 또 양돈에 관한 전문서적을 여러 권 탐독하며 수시로 사육방법을 찾아보기도 하였다.

그런 과정을 거치면서 결국 첫 사업(동광써키드)을 접었던 그해(1974년) 가을, 나는 광주 근교의 농촌 중 토지매입이 비교적 용이했던 전라남도 담양군 대전면 대치리에 작은 규모의 사육장을 마련해 양돈업을 시작하게 되었다.

그 사업을 벌이는 데는 토지매입비 200만 원과 건물, 시설비 등의 부대비용 100만 원을 포함해 약 300만 원 정도가 필요했다. 동광써키드 사업실패로 퇴직금을 날린 상태라 여유자금이 별로 없었지만 다행히 그 무렵에는 세계은행IBRD의 차관으로 농가에 저리 자금을 융자해주는 제도가 있었다. 그것을 이용해 200만 원을 빌려 겨우 충당할 수 있었다. 농촌개발을 위해 연 6%의 낮은 이자로 3년 거치 후 5년에 걸쳐 분할상환하는 좋은 조건이었다. 저금리 시대인 오늘날 시각으로 보면 매우 비싼 이자였지만 당시에는 서로 그 자금을 쓰려고 애쓸 만큼 큰 혜택이었다.

나는 40여 마리의 돼지를 구입했다. 작은 규모라 할 수 있으나 평생 그런 일을 해보지 않았던 나로서는 부담이 되는 규모였다. 40여 마리의 돼지를 뒷바라지하며 사육하는 일은 결코 쉬운 일이 아니기 때문이다.

먹이만 주면 돼지가 알아서 잘 먹고 잘 크는 게 아니다. 이른 아침부터 저녁 늦게까지 분주하게 움직여야 하는 고된 일이었다. 전투병과가 아닌 경리장교로서 군대생활을 편안하게 하던 때가 그립기까지 했다. 그러나 육체적으로 피곤하고 고생스럽기는 했으나 돼지들이 하루가 다르게 부쩍부쩍 커가고 숫자가 조금씩 늘어나면서 슬슬 재미와 보람을 느끼기 시작했다. 게다가 수입이 생기면서부터는 꽤 괜찮은 사업이요 해볼 만한 사업이라는 생각도 들었다.

아, 돼지콜레라!

이듬해, 그러니까 1975년의 어느 날. 양돈업자로서의 틀이 조금씩 잡혀가고 돼지 키우는 일에 흥미가 붙어 양돈사업에 부푼 희망을 갖게 될 무렵이었다. 우연히 만난 어떤 이가 관상을 본다며 "당신은 올해 구덩이를 100개나 팔 운세야"라고 말하는 게 아닌가. 나는 속으로 '양돈사육장에 농토가 있으니 호박구덩이를 많이 팔 것인가 보다'라고 생각하며 웃어넘겼다.

또 한 번은 마을의 이장이 우리 양돈사육장을 방문했는데 내게 이런 말을 하는 것이었다. “이광래 씨는 농촌에서 이런 일을 할 사람이 아닌 것 같다. 부지런히 가축을 돌보는 모습이 영락없는 농사꾼 같지만 유심히 살펴보면 도시에서 무언가 남다른 일을 해야 어울릴 것 같다”고.

이제 슬슬 돼지 기르는 일에 익숙해져 재미를 붙이고 있었던 상황이었다. 더 나아가 이 일로 큰 사업을 해보려는 의욕까지 불붙고 있었기에 나는 이장의 말 역시 내가 군대생활을 했다는 경력을 감안해 그냥 해보는 덕담 정도로 받아들였다. 그러고는 그저 열심히 일할 뿐이었다. 반드시 양돈사업을 성공시키겠다는 결의를 품은 채.

그런데 묘하게도 그들의 말이 현실이 되고 말았다. 돌아보면 그때 그들은 내게서 어떤 감을 잡았는지도 모르겠다. 그래서 그런 말로 나의 미래를 예측했던 것 같다. 그것이 관상이든 아니면 미래를 내다보는 예지력이든, 또는 막연한 예감 같은 것이든 간에 말이다.

양돈사업을 시작한지 1년쯤 됐을 때 갑자기 돼지콜레라가 발생한 것이다. 지금처럼 방역 시스템이나 치료법이 좋았던 때가 아니라 사람이든 동물이든 전염병이 돌면 전국이 들썩이던 시절이다. 돼지콜레라가 발생하자 속수무책이었다. 나름대로 돼지콜레라를 물리치기 위해 사력을 다했지만, 전문 농사꾼이 아닌데다 치료법조차 변변치 못한 상황을 내가 어떻게 극복하겠는가.

아는 지식과 정성을 쏟아 부으며 무진 애를 썼지만 불가항력이었다. 한 마리 두 마리, 돼지가 차례로 쓰러지기 시작했다. 정성스레 희망을 안고 키운 수많은 돼지가 쓰러질 때의 심정이라니….
그때 관상을 봐줬던 그 사람의 말이 떠올랐다. 그의 말대로 나는 수많은 구덩이를 파 돼지를 묻어 폐기처분해야만 했다. 돼지를 한 마리 한 마리 묻을 때마다 나의 마음은 무너져 내렸다. 아니, 마음이 무너지는 것은 그렇다 쳐도 손실이 눈덩이처럼 불어나는 것은 정말 큰일이었다. 융자금을 어떻게 갚는단 말인가.

우여곡절 끝에 전염병은 겨우 진정되었다. 그러나 나의 양돈사업은 엉망이 되어 있었다. 자의든 타의든 이장의 말대로 농촌을 떠나야 할 상황에 직면했다. 그리하여 고향으로 내려간 지 1년 반 만인 1975년 봄, 더 이상 상황을 감당할 수 없다고 판단한 나는 돼지 사육장을 200만 원에 매각하고 양돈사업을 정리하게 된다. 한마디로 또 '망한' 것이다. 그때의 실망감과 허탈함이라니!

'운명'을 생각하다

'나에게는 사업이 적성에 맞지 않는 것인가?', '이러다가 어떻게 되는 거지?' 이런 회의와 불안이 엄습해왔다. 내 딴에는 누구보다도 꼼꼼히 분석하고 준비하면서 열심히 했다고 자부했는데 어쩜 이렇게 운이 따르지 않는지 한스럽기도 했다. 첫 사업은 예상치 못했던 동업자의 건강악화로, 두 번째 사업 역시 인력으로 어쩔 수 없는 돼지콜레라로…. 두 사례 모두 나의 불찰은 아니었기에 '운'에 대한 생각을 할 수밖에 없었다. 정말 운명은 있는 걸까?

상황은 난감하였다. 지칠 대로 지쳤지만 그렇다고 심신을 추스르며 쉴 수도 없는 노릇이었다. 설령 운명이 있다손 치더라도 더 이상 물러설 수도 없는 일이었다. 낭떠러지에 떨어지지 않으려면 전진하는 수밖에 없다. 나는 실의에 찬 하루하루를 보내면서도 한편으로는 어떻게 해서든 재기해야겠다는 각오를 다졌다.

이런저런 생각이 떠올랐다. "농촌에서 이런 일을 할 사람이 아니다. 도시에 살면서 무언가 남다른 일을 해야 어울릴 것 같다"고 했던 이장의 말도 새삼 의미 있게 떠올랐다. 지푸라기라도 잡으려는 절박한 심정이었기에 그랬으리라. 심지어 어린 시절에 귓등으로 들었던 어느 스님의 말씀까지 선명히 되살아났다. 스님의 말씀이란 다름 아닌 이런 에피소드에서 비롯된 것이다.

*　　*　　*

1950년, 그러니까 6·25전쟁이 발발한 직후인 7월 23일 일요일이었다(지금까지도 날짜를 기억하고 있을 정도로 흥미로운 경험이다). 강진농업고등학교 학생이던 나는 수박을 밭떼기로 매입하여 원두막을 지어놓고 친구 2명의 도움을 받아 팔거나, 때로는 장터에 싣고 나가 팔기도 했다. 요즘 표현을 빌리자면 '아르바이트'를 한 셈이지만 아르바이트라기보다는 학생장사꾼이라고 하는 게 더 맞을 것 같다. 아직 수박이 본격적으로 출하될 시기가 아니었기에 가격이 비쌌음에도 날개 돋친 듯이 잘 팔렸다. 어느 날 스님 두 분이 원두막을 지나다가 우리에게 다가왔다. 나는 두 손을 모아 합장하며 인사를 했다. 당시는 스님을 만나면 대부분의 사람들이 예를 갖추어 인사를 하고 조금이라도 여유가 있으면 시주를 하던 시절이다.

"아이고 스님, 더운 날씨에 얼마나 힘드십니까?"

어린 학생이었지만 나는 패기 넘치고 붙임성 있게 인사를 건넸다. 그러면서 잘 익은 수박을 한 덩어리 잘라서 스님들에게 건넸다. 스님들로서는 우리가 기특했던가보다. 수박을 맛있게 먹던 한 스님이 우리의 관상을 봐주겠다고 했다. 관상이라니? 당연히 호기심이 일어나 스님에게 얼굴을 맡겼는데 얼굴을 유심히 살펴본 스님이 관상풀이를 해줬다. 나의 친구 2명에게는 "고향을 떠나지 못할 팔자", "눈과 머리로 먹고 살겠지만 수명이 문제"라고 각각 말해줬고 내게는 이렇게 운세를 이야기했다.

"너는 천재天財, 천파天波, 천권天權이로다. 너는 장차 양성陽性의 직업을 갖거나 양성의 사업을 해야 성공할 수 있다."

어려운 용어가 나오니 어린 나로서는 무슨 말인지 알아들을 수가 없었다. 스님의 말뜻을 얼른 이해하지 못한 내가 질문을 했다.

"스님, 말씀하신 천재, 천파, 천권은 무엇이며, 양성의 직업은 또 무엇입니까?"

나의 질문에 스님이 풀이를 해주었다.

"천재란 즉 재물복이 있다는 것이요, 천파란 실패의 운도 있다는 것이며, 천권이란 권세도 타고났다는 말이다. 그리고 양성의 직업이란 보통 군인이나 경찰, 검찰 등이 그에 속한다고 할 수 있다."

"그럼 양성의 사업은 또 무엇인지요?"

"가장 대표적인 사업이 건축업이라 할 수 있다."

양성陽性의 사업을 떠올리다

야심차게 시작했고 그런대로 희망에 부풀었던 양돈사업까지 예상치 못한 복병을 만나 허물어진 상황에서 고등학생 시절의 에피소드가 떠오른 것은 의외였다. 스님과의 대화가 생생하게 기억났던 것이다. 그리고 이장이 툭 던졌던 말이 함께 뒤섞이면서 뭔가 내가 가야할 길이 따로 있는 것 같은 느낌이 들었다. 이런 것을 깨우침이라고 할 수 있을까? 내가 해야 할 일, 가야 할 길이 있는데 괜히 엉뚱한 일을 하면서 헛짚고 있는 것 아닌가 하는 생각이 들었다. 아마도 절망의 상황에서 그렇게라도 스스로를 위로해야 했는지도 모른다.

나는 무속이나 미신, 점 같은 것을 크게 믿는 사람은 아니지만 상황이 상황인지라 무엇엔가 매달리고 싶은 심정이었던 것 같다. 어려움에 처하니 별별 생각이 다 떠올랐다. 스님의 암시가 무엇을 뜻하는지 곰곰이 생각해봤다. 어쩌면 그것은 낙담 속에서 희망의 길을 찾기 위한 자기 합리화일지도 모른다.

군생활을 할 때도 그 스님의 이야기를 떠올린 적이 있기는 했다. 군인은 바로 양성에 속하는 직업이라고 했기에 '그래서 나는 군생활이 운명인가보다'라고 여기며 군생활을 성실히 했었다. 그렇다면 양성의 직업인 군생활을 마쳤으니 이제부터는 양성의 사업을 찾아봐야 하는가? 생각이 꼬리를 물고 이어지다가 문득 스님이 예시했던 양성의 사업이 떠올랐다.

'그래 맞다. 직업으로는 군인이, 그리고 사업으로는 건축업이 양성이라고 했지?'

스님이 예로 들었던 건축업을 사업의 대상으로 떠올리기는 했으나 태어나서 그때까지 건축을 공부한 적도, 관심을 가져본 적도 없는 나로서는 참 생뚱맞은 일이 아닐 수 없었다. 아무리 나의 관상이나 운명에 딱 맞는 사업이면 뭐하는가? 그 분야에는 전혀 아는 것도 인연도 없는데 말이다. 만약 군에서 경리장교가 아니라 공병장교로 복무했다면 그나마 연관성을 따져볼 수 있을 테지만 그때로서는 전혀 엉뚱한 분야임에 틀림이 없었다.

그러나 상황은 너무나 다급했고 어떻게 해서든 실패를 딛고 새로운 진로를 모색해야했다. 나로서는 지푸라기라도 잡는 심정으로 건축업을 고려해볼 수밖에 없었다. 그래서 스님의 권고를 바탕 삼아 건축업을 떠올리며 내가 과연 할 수 있을지 여러 조건을 따져보았다. 지금 돌이켜보면 참으로 어처구니없는 사업검토라 할 수 있겠다. 그러나 궁하면 통한다고 했던가? 건축업을 대상으로 이런저런 생각을 해본 결과 막연한 자신감이기는 했지만 '못 할 것도 없다'는 생각이 들었다. 무모한 판단이라 할 수 있지만 드디어 나는 건축업에 필feel이 꽂혔다.

이처럼 때로는 한 마디의 말이 궁지에 몰린 사람에게 영감을 주고 희망을 줄 수 있다. 고등학생 시절에 우연히 들은 스님의 말 한마디가 실의에 빠진 나에게 긍정과 희망의 끈이 되어줄 줄이야. 긍정적인 영감은 한 사람의 삶을 결정적으로 바꿀 수도 있는 것이다. 그것이 나중에 옳은 결정이 될지 잘못된 길로 들어서는 계기가 될지는 모르지만 말이다.

내가 건축사업을 긍정적으로 받아들이게 된 까닭은 이랬다.

첫째, 오랫동안 군생활을 하면서 자주 근무지를 옮긴 탓에 여러 곳의 지역상황과 생활 및 경제 여건을 나름대로 잘 알고 있다고 생각한 것이 첫 번째 이유다. 지금 돌아보면 어설프기 그지없는 주먹구구식 판단이지만 그때는 그것이 꽤 합리적인 판단이라고 여겼다. 그랬기에 '하면 할 수 있겠다'는 자신감을 갖게 된 것이다.

둘째는 건축업 자체의 가능성 때문이다. 당시 우리나라는 주택이 엄청나게 부족하던 때였으며 주택난을 해결하기 위해 아파트라는 이름의 새로운 주거형태가 막 들어서기 시작하던 때였다. 즉 수요에 비해 공급이 태부족한 형편이었기에 건축업의 전망이 어떤 분야보다도 밝을 것이라는 판단이 들었다. 또한 우리나라도 선진국처럼 각 지역별로 도시개발이 활발해지고 특히 가용택지가 부족한 여건 때문에 단독주택보다는 대지의 효용성을 높일 수 있는 아파트 시대가 올 것으로 예견하였다.

이 두 가지를 근거로 나는 주택사업의 성공 가능성을 나름대로 확신하기에 이르렀다.

'그래, 건축업을 하자.'

그렇게 결론은 내렸지만 사실 막막했다. 건축기술이 있는 것도 아니고, 양돈사업 이상으로 큰돈이 들어갈 텐데 자금이 넉넉한 것도 아니고…. 과연 맨손으로 무엇을 한단 말인가? 그러나 내게는 다행히도 군인정신이 있었다. 두 번의 사업실패에도 불구하고 패기와 열정이 아직 살아 있었다. 그러나 기술과 자본 등 여건이 워낙 빈약했기에 나는 거창하게 '건축사업'이라기보다는 '집장사'에 가까운 소박한 규모의 주택사업을 시작하기로 했다. 크게 사업을 벌일 형편도 못 됐지만 무리했다가 또 실패한다면 그때는 재기 불능에 빠질 것이 분명했기 때문이다.

새로운 도전과 예비군 중대장

주택사업을 하기로 작정하고 일단 거주지를 담양에서 광주로 옮겼다. 주택사업은 당연히 대도시를 중심으로 해야 시장이 넓어 승산이 있을 것이기 때문이다. 그러고는 건설업이든 주택사업이든 사전에 보다 더 철저한 준비를 하기로 했다. 광주라는 지역의 사정을 좀 더 세밀히 파악하고, 본격적인 사업 시작 전 시간을 버는 한편, 보다 광범위하게 사람을 사귀기 위해 우선 예비군 중대장을 하면 좋겠다고 생각했다. 예비군 중대장은 각양각색 여러 직업의 예비군을 만날 수 있어서 그런 준비를 하기에 안성맞춤이라고 봤기 때문이다. 내가 제31사단 경리참모로 일할 때 참모장이었던 박종호 대령을 찾아갔다. 그는 나와 같은 경리병과의 상사로서 나를 아끼고 믿어주는 사람이었기에 솔직한 의사를 허심탄회하게 전달할 수 있었다.

"박 대령님, 저 예비군 중대장을 했으면 하는데 좀 도와주십시오."

그는 의외의 부탁에 깜짝 놀란 표정을 지었다. 아마도 사업에 실패하자 호구지책으로 예비군 중대장을 하려는 줄 알았을 것이다. 예비군 중대장은 말 그대로 '중대장' 직위이기에 대개 대위로 예편한 사람들이 하는 자리다. 그런데 소령으로 제대한 사람이 그 일을 하겠다고 나서니 참 사정이 딱하게 됐다고 생각했을지도 모른다. 나는 자초지종을 솔직히 설명했고, 박 대령은 나의 입장과 뜻을 이해해줬다.

"그렇다면 어디에서 중대장을 하고 싶은가?"

"(광주시) 지산동에서 하고 싶습니다."

왜 하필이면 지산동일까? 내게는 계획이 있었다. 당시 광주에서는 지산동과 산수동에서 단독주택사업이 활발하게 전개되고 있었다. 그러니 그곳의 예비군 중대장을 하게 되면 자연스럽게 주택사업에 대하여 느끼고 배우는 것이 많을 것이기 때문이다. 다행히 지산동 예비군에 중대장 자리가 비어있어서 박 대령의 도움으로 나는 그곳의 예비군 중대장이 될 수 있었다.

그때부터 나는 낮에는 예비군 중대장 일을, 밤에는 주택관련 건설사업에 대한 공부를 했다. 틈나는 대로 집짓는 현장을 찾아다녔고 건축업자들을 만나 주택에 대한 정보를 얻으며 사업을 구체화시켜나갔다.

특히 광주에는 재향군인회를 비롯해 군생활에서 사귄 친구·친지들이 많았기에 정보를 수집하기도 좋았고, 필요한 자금동원 등 회사를 세우는 데 여러 가지 편리한 점이 많았다. 나는 많은 사람들을 만났다. 그 자체가 사업에 대한 공부였고 준비였다. 그러고는 꼼꼼히 따져보며 사업계획을 차근차근 세워나갔다.

건축업에 발을 딛다

1976년 여름, 나름대로 꼼꼼히 준비를 마쳤다고 판단한 나는 드디어 건축업에 발을 내딛었다. 여러 가지 여건이 열악했기에 일단 규모가 작은 단독주택사업(이를테면 집장사)으로 첫발을 내딛기로 했다. 군을 떠난 이후 3년 만에 세 번째 사업에 도전한 것이다. 자금 여유가 없었기에 광주시 풍향동에 택지 한 필지를 사서 집을 짓기로 했다. 자금 동원에 애를 먹을 때는 독실한 불교신자였던 어머니가 가까운 신도들로부터 70만 원을 빌려 지원하기도 했다.

나는 1년여 만에 예비군 중대장을 그만두었다. 본격적으로 주택사업에 뛰어들기 위해서였다. 그 당시는 우리나라에 아파트가 공급되기 시작한 초기였고 지방에서는 소위 '양옥洋屋'이라 불리던 단독주택이 깔끔한 외양과 편리하고 실용성 있는 집안 구조 때문에 상당한 인기가 있었다. 원래 우리나라 전통가옥의 구조는 화장실을 '뒷간'이라 하여 마당의 외딴 곳에 배치하였다. 집안에 화장실을 두게 된 것도 그때 유행했던 양옥이 처음이었을 것이다. 그렇게 인기 있고 편리한 주택이었으나 주택사업자들이 비용을 적게 들이고 수익을 많이 낼 욕심으로 겉만 번드르르하게 날림공사를 하는 경우가 적지 않았다.

나는 그 허점을 파고들었다. 이왕 주택사업을 할 바에는 '집장수'가 아니라 '기업가'로서 제대로 하리라 작심했다. 남들이 날림공사를 한다는 것은 그만큼 내가 비집고 들어갈 여지가 있다는 의미였다. 그 허점이 내게는 기회인 셈이다. 나는 한 채의 집을 짓더라도 정직하고 실속 있는 집을 지어 소비자들로부터 신뢰를 얻겠다고 마음을 굳게 먹었다. 그것이 기업가의 마음가짐이요 오랫동안 사업을 할 수 있는 가장 확실한 방법인 것이다. 그때의 마음가짐과 다짐은 내가 주택사업 분야 기업인으로 성장한 지금까지 단 한시도 잊지 않고 있는 신념이요, 기업을 하는 이유이며, 핵심 가치이기도 하다.

당시 내가 건축의 원리와 주택사업에 대하여 많은 것을 배우고 여러 가지 아이디어와 영감을 얻도록 도와준 사람 중에 특별히 기억에 남는 사람이 있다. 송백松柏 최봉수 씨다. 강진 출신인 그는 이미 부산에서 단독주택사업을 해온 베테랑 건축업자로서 집을 잘 짓기로 정평이 나있던 사람이다. 그는 나중에 사업을 그만두고 진로를 바꾸어 남종화의 대가인 의제毅齋 허백련 선생의 제자가 될 정도로 예술적 감각이 있던 사람이었다. 그만큼 특이하고 의식이 뚜렷하였기에 배울 것이 많았다. 나는 최봉수 씨의 건축물을 보면서 설계와 시방 등 여러 부문을 구체적으로 배웠지만 거기에 그치지 않고 보다 창조적으로 발전시키려 노력했다.

그렇게 시작한 건축사업은 그런대로 순조롭게 진행되었다.

1982년 초까지 6년 동안 모두 30여 채의 건물을 지었는데, 이것이 결국 내가 본격적으로 아파트사업에 뛰어들게 되는 바탕이 되었다. 다행히 나는 언젠가 군생활을 마무리할 때에 대비하여 서울 잠실에 300평의 땅을 사놓았었는데(매입 당시 땅값은 평당 4,000원에 불과했다. 참 옛날 이야기다) 그 땅값이 평당 2만 1,000원으로 크게 올라 사업초기 자금조달에 큰 도움이 되었다.

그렇게 주택사업을 하는 한편 광주시 동구(나중에 서구로 변경) 양림동에 지상 4층, 지하 1층의 총건평 230평에 달하는 5층짜리 내 소유 상가건물을 지었다. 사업을 안정적으로 추진하기 위해서는 무엇보다 가족의 생활을 안정시키는 게 우선이라고 생각했기 때문이다. 나는 이 건물에 나의 호를 따서 '안성빌딩'이라는 이름을 붙였다. 그리고 건물에 세를 놓아 생활비를 충당하게 함으로써 가족들이 비교적 생활고에 쪼들리지 않을 수 있게 되었다.

사업을 하다보면 겉으로는 번드르르해도 가정살림이 엉망인 경우가 많다. 이 상가건물은 나로 하여금 집안걱정을 덜고 사업에 전념할 수 있게 해줬다. 그뿐 아니라 나중에 아파트사업을 위해 토지매입을 할 때 담보로 활용되는 등 여러모로 큰 도움이 되었다(그때 담보대출을 통해 매입한 광주 봉선동의 토지로 훗날 라인광장아파트를 짓게 된다).

삼진맨션의 설립

난 단독주택사업을 통해 큰돈을 벌지는 못했다. 좋은 집을 만들다보니 그만큼 수익이 적은 게 사실이었지만 나는 그 자체에 스스로 만족했다. 수익은 적었지만 단독주택을 짓는 동안 상당한 경험과 기술, 그리고 인맥을 형성할 수 있었다. 지나고 보니 그것이야말로 최대의 '수익'이었다는 생각이 든다. 훗날의 아파트사업에 큰 밑거름이 됐으니까 말이다.

하지만 소규모의 주택사업은 분명히 한계가 있었다. 아무리 좋은 설계와 자재로 좋은 집을 지어도 크게 알아주지 않았다. 그저 '성실한 집장수' 정도로 여길 뿐 시장에서 두각을 나타낼 수가 없었다. 또한 건설 규모가 작다 보니 당연히 수익이 적었다. 한마디로 '돈을 벌기 어려운' 구조였다.

난 단독주택사업을 통해 한편으로는 한계와 문제점을, 다른 한편으로는 자신감과 발전 가능성을 확인했다. 그리고 좀 더 큰 규모의 공동주택, 아파트를 지어 분양해야겠다는 생각을 하게 된다. 사업규모 확대를 시도한 것이다. 당시 정부는 침체에 빠진 경기를 회복하기 위해 양도세를 인하하는 등 부동산경기활성화 대책을 추진하던 때라 분위기도 좋았다.

1982년에 들어서면서, 나는 공동주택을 지어보기로 했다. 본격적인 아파트사업을 하기 전에 우선 소규모의 공동주택사업을 하기로 한 것이다. 공동주택사업은 단독주택사업과 여러 면에서 다르다. 주변에 파급효과가 크기 때문에 건설업자로서 신경 쓸 부분이 많았다. 공사기간도 길 수 밖에 없고 그에 따라 많은 인력과 장비가 동원돼야 한다. 무엇보다도 대규모의 자금이 필요하다.

그래서 나는 그동안 눈여겨보았던 광주시 주월동의 부지를 머릿속에 그리며 그에 알맞은 구체적인 사업계획을 짜기 시작하였다. 어떤 규모의 건물을 어떻게 지을지 꼼꼼히 따져보면서 '자금수급계획서'와 '공사계획서'를 만들었다. 그렇게 계획서가 완성되자 지역 인사들 가운데 주택사업에 관심이 있을 만한 사람을 찾아 나섰다. 아무래도 서로 잘 알고 믿음이 가는 사람은 향군회 인사들이거나 단독주택사업을 하며 인연을 맺은 사람들이었다.

그들에게 사업계획을 설명하고 공동출자로 함께하기를 설득한 결과, 사업에 관심이 있던 향군회 인사 3명과 지역 사업가 1명의 동의를 끌어내는 데 성공했다. 그렇게 5명으로 '삼진맨션주식회사'를 설립하고 대표이사직을 맡았다. 1982년 2월이었다.

회사는 어엿한 주식회사요, 이름은 그럴듯했지만 여직원 1명이 현장에 근무했을 뿐 사무실도 없는 초라한 회사였다. 그러나 나는 의욕이 충만했다. 자신이 있었다. 비록 짧은 기간이지만 단독주택사업을 하면서 '소비자의 신뢰를 얻는 것이 사업의 관건'이라는 나의 신념이 가치 있음을 확인했기 때문이다. 상품이 좋으면 장사는 잘될 수 있다는 것이 나의 믿음이었다. 또한 집장사

1982년 착공해 2년만에 완공된 첫 공동주택사업, 삼진맨션.

를 하면서 알게 된 건축자재상이나 설계사 등 나름대로의 인적네트워크도 매우 유용한 자산이었다.

드디어 그 해 10월, 나는 광주 주월동에 3층 18세대 규모의 연립주택 건물을 착공하게 된다. 나는 삼진맨션을 짓는 일에 혼신의 노력을 쏟아 부었다. 난 원래 일에 착수하면 끝날 때까지 "지독하다"는 소리를 들을 정도로 몰입하는 성격이었다. 설계에서부터 착공과 준공, 분양에 이르기까지 직접 사업을 이끌어가면서

낮과 밤의 구분도 없이 일에 몰두했다. 현장 사무실에 침대를 가져다놓고 숙식하며 공부를 하기도 했다. 나의 모든 것을 쏟아 부은 사업이었다. '여기서 실패하면 정말 끝장'이라는 생각에 잠시도 한눈을 팔 수 있는 상황이 아니었다.

다른 회사의 모델하우스를 100번도 넘게 견학했다. 거의 매일 방문하다시피 하여 모델하우스들을 꼼꼼히 살펴보았고, 그를 토대로 세대평면설계를 직접 했다. 공동주택이나 아파트는 뭐니뭐니 해도 평면설계, 즉 구조가 좋아야 했기 때문이다. 그 당시에 어찌나 다른 회사의 현장을 많이 방문했던지 모델하우스 담당직원과 언쟁을 벌이기도 했다. 그렇게 하면서 아파트를 보는 안목과 설계의 기술이 점점 더 좋아졌고 설계의 완성도 또한 높아졌다. 아마도 100번 넘게 수정을 거듭했을 것이다.

첫 공동주택을 짓다

1984년 봄, 착공한지 2년 만에 내가 설계한 계획대로 삼진맨션이 완공되었다. 나의 첫 공동주택사업이자 훗날 우미의 바탕이 된 사업이다. 그래서 나는 삼진맨션을 착공한 1982년을 우미의 창립연도로 삼고 있다.

그러나 완공으로 문제가 끝난 것이 아니다. 기뻐하기엔 아직 일렀다. 자신만만하게 좋은 상품을 만든다는 일념으로 혼신의 노력을 쏟았건만 분양이 제대로 되지 않는 것이었다. 제아무리 잘 만들면 뭐하겠는가? 소비자가 선택을 하지 않는데 말이다. 어디에 내놓아도 손색없는 맨션이라 자부했지만 미분양 문제가 앞을 가로막았다.

소비자의 심리란 참 묘한 것이다. 더구나 우리 사회는 그때나 지금이나 불신의 늪이 깊다. 상표가 알려지지 않은 상품은 아무리 좋아도 일단 의심부터 한다. 부실하게 만들어도 널리 알려진 회사의 제품이라면 일단 사람들이 몰리는 것이다. 반면 이름 없는 회사가 만든 주택은 믿음을 갖지 못하는 것이었다. 소비자 입장에서는 평생 동안 모아온 자금을 투자해 집을 구입하는 것이니 그럴 수밖에 없을 것이다. 설상가상으로 그때까지만 해도 광주지역에서는 공동주택에 대한 인식이 그다지 널리 퍼져있지 않았을 뿐더러, 그간 지어진 공동주택들 중엔 부실한 것들이 꽤 많아서 불신이 있었다.

이 일을 어찌한다? 나는 사태 수습을 위한 묘안을 짜내기 위해 머리를 썼다. 그리고 분양의 대안으로 찾아낸 것이 '임대주택'이었다. 역시 소비자의 심리와 형편을 알아야 사업은 성공하는 법이다. 미분양된 것을 임대로 돌리자 금세 문제가 해결되었다. 아파트를 분양받을 준비가(심리적이든 경제적이든) 되어 있지 않은 고객으로서는 전세나 월세로 살면 금전적 부담이 적으면서도 새집에서 편리한 생활을 할 수 있어 좋았다. 만약 집이 부실하다고 판단되면 이사를 가면 그뿐이니 한번 살아보고 싶기도 했을 것이다. 회사 입장에서도 임대사업으로 전환할 경우 별다른 불이익 없이 지속적인 수익금이 보장되는 장점이 있었다.

비록 당초 의도대로 일부 일반분양이 되지 않고 임대분양이 되기는 했지만 주월동 연립주택사업은 그런대로 성공이었다. 무엇보다도 입주자들의 반응이 매우 좋았다. '의심'은 '호감'으로 바뀌었고 입주자들의 입을 통해 "좋은 집을 짓는다"는 소문이 퍼져나갔다. 그로부터 20년 후, 삼진맨션을 돌아본 한 건축전문가는 "20여 년의 세월이 지난 건물치곤 상태가 매우 좋다. 세대평면 구조와 외관 디자인(발코니 난간, 창호의 비례), 디테일(내부계단 등), 구조물의 강도, 조경 등에서 지은이의 세심함을 쉽게 발견할 수 있다"고 평가했을 정도다.

돈도 사람도 부족한 상태에서 오직 노력과 집념으로 난관을 극복하고 이뤄낸 그 사업은 나로 하여금 주택사업에 대한 무한한 용기와 자신감을 갖게 하였다. 특히 주택사업은 체계적이고 완벽한 계획이 성공의 열쇠임을 깨닫게 되었다. 이는 참으로 소중한 교훈이었다.

드디어 창업의 꿈을 이루다

작은 성공은 큰 성공의 디딤돌이 되기 마련이다. 군인이든 회사원이든 봉급쟁이 생활을 마감하고 퇴직한 후 창업을 함에 있어

'작은 성공'은 매우 중요한 의미를 갖는다. 만약 계속 실패를 해보라. 몇 번 만에 사람이 실의에 빠지게 되고 이로 인해 자신감을 상실하게 되면 결국 의욕과 용기를 잃어 낙담하고 무릎을 꿇게 된다. 그러면 웬만해서 재기하기가 힘들다.

그런 의미에서, 돌이켜보면 나는 행운이었다는 생각이 든다. 친구와의 첫 사업, 그리고 양돈사업이 실패로 끝났지만 얼른 사태를 냉정히 분석하고 내가 할 수 있는 일을 찾아 전력투구함으로써 결국 성공했으니 말이다. 그것이 비록 큰 성공은 아니었더라도. 그러고 보니 군을 떠난 지 벌써 10년이 되고 있었다. 그 정도의 세월이 지나고서야 이제 제대로 된 길로 들어섰다는 의미가 된다. 그것도 평탄한 세월이 아닌, 실패와 좌절, 재기의 우여곡절 많은 과정을 겪으면서 말이다.

자신감과 용기를 얻은 나는 아파트사업에 뛰어들기로 결심하게 된다. 갑자기 큰 사업으로 확대하는 것에 대한 불안감은 거의 없었다. 물량이 커진다고 사업의 본질이 바뀌는 것은 아니기 때문이다. 소비자가 믿고 찾는 좋은 집만 만든다면 국내외의 경제상황에 따라 조금 주춤할 수는 있어도 결국은 성공할 수 있다는 확신이 섰다. 이런 확신이야말로 주월동의 삼진맨션 건축사업이 내게 준 가장 큰 교훈이었고, 그 교훈은 지금의 우미를 만드는 밑거름이 되었다.

나는 삼진맨션 분양이 제대로 되지 않아 머리를 짜내던 시기에 이미 삼진맨션 이후를 구상하고 있었다. 당시 미장일을 하던 이명호 씨 등 함께 일하던 사람들에게 광주 봉선동 방향을 가리키며 이렇게 말했다.

"다음은 저기 봉선동이네. 저기에 1,000세대짜리 대규모 아파트를 짓고 말 걸세. 두고 보게."

그들로서는 이제 겨우 18세대를 지은 회사가, 그조차 분양에 어려움을 겪으면서 어떻게 1,000세대의 대규모 아파트사업을 하겠다는 것인지 의아한 생각이 들었을 것이다. 괜한 오기와 허세로 비쳤을지도 모른다. 그러나 나는 그렇게 하겠다고 더욱 단단히 결심했다.

사실 18세대 정도의 작은 공동주택건설과 1,000여 세대의 아파트건설은 규모에서부터 비교가 되지 않는다. 대형사업이 성공을 거두기 위해서는 무엇보다도 현실적으로 적용 가능한 완벽한 계획이 선행되어야 한다고 판단했다. 그것은 사업 자체의 성공 여부와도 관계가 있지만, 공사를 독자적으로 추진할 만한 자본 여력이 없던 나로서는 다른 출자자들을 설득할 만한, 누가 봐도 고개를 끄덕이며 인정할 만한 사업계획서가 꼭 필요했다. 계획이 완벽해야 남들이 수긍하고 함께하지 않겠는가.

나는 여러 분야의 정보를 모으고 다방면에서 접근하는 세심한 분석을 통해 치밀한 계획서를 작성하기로 했다. 그것은 단순한 사업계획서가 아니라 본격적으로 사업이 확대되고 성공하느냐 주저앉느냐를 판가름하는 일생일대의 계획서이기도 했다.

그리하여 1985년 10월 1일, 〈임대주택의 사업계획(안)〉이라는 제목의 계획서를 완성했다. 명칭 그대로 일반분양이 아닌 임대주택의 사업계획이었다. 일반분양이 아니어서 일시에 큰 수익을 올릴 수는 없지만 미분양 등의 위험성을 줄일 수 있었다. 난 안정적인 경영이 무엇보다 중요하다고 생각했다.

이 계획서에는 토지매입에서부터 주택분양에까지 이르는 모든 사업일정과 추진전략, 자금 수급·조성, 완공 후 입주 전망, 다른 아파트와의 비교분석, 위험부담과 문제점 등이 일목요연하게 드러나 있었다. 각각의 항목들은 모두 매우 구체적이었다. 특히 아파트에 대한 당시의 사회적 인식을 조사했음은 물론, 향후 어떻게 변화할 것인가에 대한 예상까지 포함하고 있을 정도로 폭넓고 치밀한 내용을 담아내었다.

더구나 당시는 나 혼자서 모든 것을 만들어야 하는 형편이었다. 그 점을 감안하면 회사는 매우 작은 중소기업이었지만 내 일하는 방식은 대기업에 버금가는 것이었다고 자부할 수 있다. 그런 마음가짐으로 계획서를 만든 것이다.

오늘날 큰 건설회사로 성장한 우미는 바로 이 계획에서 출발했다. 대단지 아파트를 지으려고 만든 처음의 계획이 이후 주식회사 우미의 설립은 물론이요 아파트건축계획의 바탕이 됐기 때문이다. 삼진맨션의 경험이 있다고는 하지만 사실 맨손이나 다름없었다. 다만 나는 확실한 자신감과 용기, 군생활 이후의 실패와 성공 경험, 밤낮으로 연구하고 공부한 노력, 그리고 치밀한 계획으로 회사를 설립하고 운영했던 것이다. 그리고 결국 그것이 성장의 발판 하나하나가 되어 오늘날 우미건설에 이른 것이다.

나의 이 스토리가 창업을 하려는 사람들에게 조금이나마 힌트가 되고 조언이 됐으면 하는 바람이다.

우미의 창립과 초창기 사업

광주시 서구 봉선동의 택지를 대상으로 치밀한 사업추진계획서를 만든 이듬해인, 1986년 3월 20일 정관을 만들고 4월 3일 조종구, 김형소, 배영기 씨 등 4명이 균등공동출자로 자본금 1억 원의 주식회사 '우미友美'를 설립하였다. 회사의 이름에 벗 우 友자를 넣은 것은 서로의 우정을 중시하자는 의미였다. 이와 함께 '삼진맨션주식회사'는 자연스럽게 해체된 셈이다 우미가 표방한 사업분야는 '주택건설 및 분양공급', '부동산 매매 및 임대업'이었으며 (등록번호 86-18호, 1986. 4. 18일 등록), 광주시 동구 수기동 105-5번지에 본사를 두었다.

우미의 출범

경영진은 모두 단독주택사업을 하면서 알게 됐거나 군 출신으로 관계를 맺어온 이들이었다. 그래서 사람은 평소에 어떤 인간관계를 맺느냐가 매우 중요하다. 인간관계야말로 사업뿐 아니라 인생살이의 성패를 좌우한다고 믿는다. 그 믿음 때문에 나는 한 번 인연을 맺은 사람을 매우 귀하게 여기며 끝까지 신의를 지키려 최선을 다한다. 사업도 따지고 보면 결국 '사람'인 것이다.

대표이사는 가장 나이가 많은 조종구 씨가 맡았고 배영기 씨가 감사를, 그리고 나와 김형소 씨는 이사를 맡았다. 조종구 대표이사는 나와 마찬가지로 직업군인 출신으로서 이미 삼진맨션사업을 함께한 사업동지였다. 김형소 씨는 대성셀틱 가스보일러 광주총판을 운영하며 양림동에서 벽돌공장을 운영하는 재력가였다. 배영기 감사는 한때 법원에서 근무한 경력이 있는 사람으로 건물 등 고가의 부동산을 보유한 채 개인사업을 하다가 나와 알게 된 사이다.

'본사'라고 해서 오늘날의 우미를 상상해서는 안 된다. 큰 빌딩에 많은 직원이 일하는 곳이 아니었다. 당시 이사 중 한 사람이었던 김형소 씨의 개인사업체 대성셀틱 가스보일러 대리점의 한구석을 사용하였다. 별도의 사무실을 마련할 여력조차 없었기 때문이다. 사무실 규모는 달랑 책상 3개, 그곳에서 나와 20대 남녀직원 2명(한광선 씨와 김재순 씨)이 근무했다. 그나마 한광선 씨는 대성셀틱 대리점 직원이었고 김재순 씨는 조종구 대표이사의 조카로,

건축분야에서 일을 해본 경력자가 아무도 없었다. 그러니 사업부문별로 업무분장이 되어 있는 것도 아니고, 그때그때 발생하는 사안마다 나의 지시를 받아 업무를 처리하는 지극히 초보적인 회사구조였다.

이처럼 회사의 규모는 초라하기 그지없었지만 나의 가슴 속에는 정말로 좋은 건설회사를 만들겠다는 벅찬 꿈과 열정이 있었다. 꼭 그렇게 하고 싶었다. 거창한 꿈을 안고 우미는 그렇게 출범하였다. 시작은 그랬다.

새로운 회사를 만든 후 나는 정말 열심히 일했다. 대표이사는 아니었지만 실질적인 내 회사로 생각해 밤낮으로 공부하고 동분서주 뛰어다녔다. 벅찬 꿈과 희망으로 피곤한 줄도 몰랐다. 오히려 물을 만난 물고기처럼 신바람이 났다. 또한 눈코 뜰 새 없이 바쁜 와중에도 경제지와 일간지 등 3개 이상의 신문을 샅샅이 훑고 꾸준히 보면서 건설업뿐만 아니라 경제 전반의 흐름과 추이를 살폈다. 그것을 통해 시대를 읽고 미래에 대비했다. 작은 회사일수록 경영자의 능력과 안목이 절대적임을 잘 알기 때문이었다.

직원은 2명뿐이지만 사내업무도 체계화하려 애썼다. 서류양식조차 제대로 갖춰지지 않은 상황이었지만 양식을 만들고 결재체계를 형성했다. 그 당시는 군의 행정시스템이 민간부분보다 오히려 앞서 있었기에 군 경험이 큰 도움이 됐다. 또한 재무회계의 체계도 갖췄는데 이것은 경리장교 출신인 나로서는 '전공분야'인 셈이어서 훨씬 수월했다. 정확한 수입·지출의 기록과 관련 서류 확보뿐만 아니라 공사원가와 비용, 현금 등 대차계정의 복식부기에 맞게 분개하는 법도 직원들에게 가르쳤다. 하나에서 열까지 업무의 모든 틀이 나의 판단과 머리에서 나왔다.

그리고 회사의 사훈도 정했다.

"나를 생각하기 전에 우리를 생각하자."

보통 작은 규모의 건설회사라면 '성실시공', '책임완수' 등의 사훈을 만들기 십상이다. 그러나 나는 회사의 가치와 비전에 중점을 두고 싶었다. 이 사훈 역시 군에서 얻은 것이다. 제27사단 출납장교로 근무할 때 당시 사단장이 강군육성을 표방하며 강조한 말이었다.

이렇듯 알게 모르게 나의 회사운영과 사업에는 군생활에서 보고 경험하고 느낀 것들이 많이 작용했다. 그러기에 내게 있어 군생활은 기업성공의 기틀이고 삶의 기반이었다고 해도 과언이 아니다. 그 점에서 나는 군에 대해 항상 큰 고마움을 느끼고 있다.

대규모 아파트사업 진출

이렇게 회사의 틀을 만들면서 한편으로는 2년 전부터 구상했던 광주 서구 봉선동의 아파트사업을 구체화하기 시작했다. 우선 한국토지개발공사로부터 미분양된 택지를 3년 할부로 매입하는 데 성공했다. 이미 계획안을 만들 때부터 나는 신문공고를 통해 한국토지개발공사에서 택지를 분양한다는 사실을 알았고, 이를 매입하기로 결심하고 있었다. 특히 그 택지가 마음에 든 것은 일부 대금만 납부하면 나머지는 할부로 매입 가능했기 때문이었다. 이는 자금 부족을 메울 수 있는 유리한 조건이었다. 그리하여 광주시 서구 양동에 소재하고 있던 한국토지개발공사 전남지사를 찾아가 상세한 정보를 파악했고, 대한보증보험공사에서 발행하는 계약이행보증서를 제출하는 등 모든 준비 절차를 마쳤던 것이다.

그러고는 이미 세밀하게 만들어놓았던 〈임대주택의 사업계획(안)〉에 따라 1986년 6월 28일, 385세대(11평형 44세대, 21평형 341세대) 규모의 임대아파트 1차 사업(라인광장아파트)을 시작했다. 다만 우미는 자본과 인력, 기술과 경험 등 거의 모든 부문에서 부족한 상황이었기에 시행만 하고, 시공은 'L건설'에 맡겼다. 하지만 실질적으로는 모든 것을 내가 진두지휘하였다.

나는 정말 좋은 아파트를 짓고 싶었다. 당시에 가장 호평을 받던 아파트는 대한주택공사와 현대산업개발의 아파트였다. 따라서 그 아파트들의 세대평면설계를 꼼꼼히 살펴보고 분석하면서

오늘날 우미의 기초가 된 첫 아파트사업, 라인광장아파트(796세대).

적어도 그들에 버금가는 아파트를 만들겠다고 결심했다. 아파트에 대한 평가는 큰 부분보다 오히려 미세한 부분에서 판가름 나며, 무엇보다 주부들의 마음에 들어야 한다고 생각했다. 따라서 매우 세심하게 가정주부의 동선을 고려했으며 그들이 생활에 편리함을 체감할 수 있도록 심혈을 기울였다. 그렇게 내가 직접 세대평면설계를 한 후 설계사무소에 넘겼다. 당시 설계사무소 전문가들은 매우 놀랐을 것이다. 내가 만든 설계도가 거의 완벽하여 그 설계 그대로 모델하우스에 적용됐으니 말이다. 나는 모델하우스를 만들면서 직원들에게 이렇게 독려하곤 했다.

"모델하우스가 오픈되면 우리는 반드시 성공할 것이다. 고객이야말로 가장 현명하기 때문이다. 고객들은 입지, 가격, 품질, 세대 평면구조 등을 종합적으로 보고 결국 우리 아파트를 선택할 것이다. 분명히 고객이 몰려올 것이다. 이제 곧 여러분이 그것을 확인하게 된다."

그 정도로 자신감이 넘쳐 있었다.

전력을 다해 성공시키다

난 모든 과정을 진두지휘했다. 매일 새벽 5시쯤에 공사현장으로 나가 밤 12시에나 집에 들어오는 혼신의 노력이 계속되었다. 이 아파트건설에 사활을 걸었다. 나는 원래 기질적으로 일을 시작하면 완전히 몰입하는 스타일이다. 가정사 또는 내 신상에 관한 일마저도 잊어버릴 정도다. 그때 나의 나이는 53세. 요즘 시각으로 보면 비교적 젊은 나이라 할 수 있지만 당시로써는 장년을 넘어서는 나이였다.

나는 아예 사무실에 침대를 가져다둔 채 밤낮을 가리지 않고 일했다. 낮에는 현장을 뛰어다녔고, 밤에는 사무실 침대에서 새로운 지식을 쌓기 위해 공부했다. 건설회사를 경영하는 사람으로서, 그리고 아파트공사를 하는 회사의 대표로서 그 부분에 대해 전혀 문외한이라면 그건 확실히 문제가 된다. 물론 아파트 설계라든가 시공, 감리 등은 전문가의 몫이라 할 수 있지만 작은 건설

회사의 CEO는 모든 부분에 통달해야 할 필요가 있었다. 전문가는 아니더라도 전문가들이 하는 일을 평가할 수 있을 정도의 안목과 지식은 있어야 했던 것이다.

나는 특히 아파트의 평면설계부문에 욕심을 내고 더욱 집중해 공부했다. 아파트의 구조 및 전체 설계는 전문적 기술이 필요하지만 각 세대별 공간 배치를 어떻게 할 것인가 하는 부분은 노력 여하에 따라 비전문가라도 충분히 할 수 있는 것이었다. 아니, 어떤 면에서는 전문가보다 일반인의 안목이 더 좋을 수도 있다. 아파트는 소비자의 입장에서 어떤 형태의 설계가 더 안락하고 편안한지 봐야 하기 때문이다.

원래 "전문가의 저주"라는 말이 있지 않던가? 이는 전문가들이 소비자의 심정을 헤아리지 못하고 자기 방식만을 고집하는 것을 말한다. 바꿔 말하면 지식이 있는 전문가들은 자신의 수준에 기대어 일반인들의 수준을 예단하게 되고, 그 때문에 결국 고객과의 의사소통에 문제가 발생하게 된다는 것이다. 이를테면 전문가들의 고집 때문에 오히려 소비자들에게 불편한 아파트를 설계하게 되고, 그럼으로써 소비자가 외면하게 되어 곧 '저주'가 된다는 의미다.

회사 경영자로서 신경을 써야 할 곳이 한둘이 아니었음에도 시간을 쪼개어 세대평면설계에까지 참여한 것이 바로 이 때문이다. 다른 회사보다 더 좋은 설계를 하여 입주자들에게 좋은 평을 받음으로써 경쟁력을 확보해야 한다는 신념이 있었다. 그것이 바로 소비자의 마음을 사는 길이며 그것이 바로 마음으로 짓는 집일 것이다.

무슨 일이든 그것을 추진하는 과정에서는 누가 뭐래도 주인보다 더 속이 타는 사람이 없는 법이다. 종업원들이 편히 쉴 때도 주인은 사업성공을 위하여 밤낮을 가리지 않는다. 그것이 세상사의 이치다. 따라서 '이 사업의 주인인 내가 고민하는 것만큼 걱정하는 사람은 없다'는 생각으로 최선을 다해 최고의 사업, 최고의 아파트가 될 수 있도록 신경을 썼던 것이다. 다행히도 설계를 공부하다보니 재미도 있었고 적성에도 맞을 뿐 아니라 창조의 보람을 느낄 수 있어 점점 더 몰입하며 깊이 빠져들었다.

그리하여 불과 반년만인 1987년 1월 28일 1차 공사를 무사히 준공하게 된다. 한마디로 대성공이었다.

우미의 대표로 취임

처음으로 시도한 1차 라인광장아파트가 성공적으로 준공된 직후인 1987년 3월 10일, 나는 주주들의 요청에 의해 우미의 대표이사로 공식 취임했다. 실질적으로 사업을 선두에서 지휘하고 실행하는 사람이 대표이사를 맞는 게 순리라는 이유에서다. 그에 따라 자연스럽게 경영진 개편이 뒤따랐다. 공병학, 임대식 이사가 새로 합류하였다. 또한 직원을 보강하는 한편 건설인력도 추가로 확보하여 라인광장아파트 2차 사업에 대비하였다.

초창기의 경영진 중에서 가장 기억에 남는 이는 임대식 이사다. 그는 당시 일신상호신용금고의 회장으로 있었는데 우미에 참여한 후 2차 라인광장아파트사업에 참여하는 등 초창기에 많은 도움을 주었다.

임 이사는 광주지역에서 사업수완이 좋으며 특히 사람을 보는 안목이 탁월한 것으로 알려져 있었다. 그는 젊은 시절 광주에서 양복점을 운영하기도 했으며 성공적으로 돈을 모아 일신상호신용금고를 설립하는 등 자수성가한 사람이었다.

그는 우미를 떠난 후에도 우미의 약속어음 하나만 받고 담보 없이 50억 원을 빌려주기도 했다. 당시 광주지역에서 수많은 기업의 부도사태가 속출하는 등 경제 상황이 매우 좋지 않았기에 거금을 빌려준다는 것이 결코 쉬운 결정은 아니었을 것이다. 하지만 그는 "상도의商道義가 훌륭한 분"이라며 오직 나 한 사람만 믿고 자금을 빌려주었다. 그렇게 고마울 수가 없었다. 그러기에 사람은 언제 어디서 누구와 함께 일하든 좋은 인상을 줄 필요가 있다. 무엇보다 '믿을 수 있는 사람'이 되는 게 참으로 중요한 것이다. 물론 나는 그 돈을 매우 요긴하게 활용하였고 기일 내에 어김없이 상환했다.

미리미리 준비하다

착공한지 6개월여 만에 이뤄진 1차 라인광장아파트의 성공적인 준공을 바라보면서 나는 다시 2차, 3차 사업을 구상했고 곧 준비에 착수하였다. 숨 돌릴 틈 없이 미리미리 준비해야만 했다. 이렇게 공기를 짧게 잡으며 연속적으로 공사를 하면 부실공사를 하는 것 아니냐는 의문이 들 수 있다. 하지만 전혀 그렇지 않다. 대기업도 아닌 중소기업으로서, 더구나 이제 막 사업을 시작한 회사가 공사일정을 느슨하게 잡으면 그만큼 손실이 크게 됨을 나는 간파하고 있었다. 일정이 느슨하여 하루라도 허송세월을 하면 그만큼 불필요한 비용과 지출이 생기기 마련이다. 초창기의 작은 기업에는 큰 부담이 될 수 있는 부분이다. 그래서 가능한 한 건설공기를 짧게 잡아 집중적으로 공사를 함으로써 건설원가를 최대한 절약하기로 한 것이다.

내가 눈코 뜰 새 없이 밀어붙이니 사원들로서는 힘겨울 수밖에 없었을 것이다. 하지만 당시로써는 감내해야만 했다. 회사가 계속해서 발전하느냐, 아니면 그쯤에서 정체하느냐를 가르는 중차대한 시기였기 때문이다. 그리하여 나는 1차 사업이 끝나기도 전에 라인광장아파트 2차와 3차 이후의 사업까지 구상하며 광주시 북구 운암동 일대에 5,742평의 토지를 매입하는 등 적극적이고 공세적으로 사업을 확대하여 추진했다.

그 바람에 1차 라인광장아파트를 준공한지 3개월 만인 1987년 4월 28일에 2차 아파트 공사를 시작할 수 있었으며, 2차 공사가 한창이던 8월에 라인광장아파트 3차 공사를 시작할 수 있었다. 2차와 3차 공사가 숨 가쁘게 연달아 진행됐던 것이다.

라인광장아파트 1차와 2차, 그리고 3차 건설공사(총 796세대)는 성공적으로 끝났다. 성공적으로 잘 마무리될 수 있었던 것은 무엇보다도 치밀한 '계획' 덕분이라고 믿는다. 생각해보라. '초라하다'고 할 수 있을 정도로 작은 회사, 전문인력도 거의 없는 회사가 처음 해보는 대형 아파트사업을 그렇게 깔끔하게 끝낼 수 있었다는 것을 말이다. 그것은 철두철미하게 잘 짜인 계획을 바탕으로 진행되었기 때문이다.

우미가 사업을 크게 확대하며 차질 없이 공사를 마무리하고 100% 분양을 달성하자 지역의 건설업계가 주식회사 우미를 눈여겨보게 되었다. 주민들 사이에서도 우미에 대한 이야기가 돌기 시작했다. 당연히 좋은 평판이었다. 크게 이름난 건설회사는 아니지만 '집을 잘 짓는 회사'로 소문이 났던 것이다.

회사 기틀의 재정비

내가 라인광장아파트의 스토리를 길게 이야기하는 이유가 있다. 남들은 어떻게 볼지 몰라도, 돌아보면 라인광장아파트건축사업의 성공은 내게 있어서 기념비적인 것이었다. 또 결코 잊을 수 없는 인생의 전환점이 되는 '사건'이었다. 이 사업이 결국 오늘의 나와 우미를 존재하게 한 기초요, 시작이었기 때문이다.

이 사업의 성공적인 진행으로 회사의 외형적 규모도 크게 달라졌다. 광주시 동구 수기동의 대성셀틱 가스보일러 총판 사무실을 빌려 쓰고 있던 주식회사 우미는 라인광장아파트 2차를 착공하면서부터 봉선동에 지어놓은 모델하우스로 사무실을 옮겼다. 모델하우스는 목조 2층 건물로, 보통 아파트 준공 시기에 맞춰 철거되지만 그 기간 동안에는 사무실로 활용할 수가 있었던 것이다.

출범 당시에는 남자 직원 2명과 여직원 1명 등 직원이 3명에 불과하였다. 이사, 감사 등 경영진이 있다고는 하지만 자연스럽게 나의 판단과 계획 및 지시에 따라 모든 게 이뤄지는 그야말로 '1인 체제'라 할 수 있었다. 그러나 라인광장아파트 2차, 3차 공사가 중첩되면서 상황이 크게 변했다. 무엇보다도 업무가 대폭 늘어났다. 나 혼자 일을 감당하기에는 한계가 있었다. 당장 현장부터 책임지고 관리해줄 소장이 필요했다. 그리하여 소장 1명과 실무직원 7명을 새로 충원하게 되었고, 이에 따라 보다 큰 사무실이 필요했던 것이다.

회사는 사업의 규모가 커지는 것만큼 날로 달로 변해가고 있었다. 또한 라인광장아파트 3차 건설공사를 한창 진행하고 있던 1988년 2월, 회사이름을 '友美'에서 '宇美'로 바꾸었다. '宇美'는 곧 '집 우 宇', '아름다울 미 美'로 '아름다운 집'을 뜻한다. 아름다운 집은 아름다운 마음을 가지고 건축할 때 탄생하는 것이다. 집을 돈벌이 수단으로만 생각하고 최대 이윤에 집착한다면 그것은 결코 아름다운 마음이 아니요, 그렇게 된다면 절대 아름다운 집을 지을 수 없다는 생각에서 새롭게 작명한 것이다. 또한 회사 경영진도 진용을 새롭게 갖추었다. 이는 앞으로 예정되어 있던 운암동과 염주동, 오치동 아파트건설을 앞두고 회사를 정비해야 할 필요가 있었기 때문이다.

그리고 2차 사업이 끝나 아파트 입주가 완료될 즈음에는 봉선동의 모델하우스를 사무실로 사용할 수가 없어 회사를 광주시 북구 중흥동 646-13번지의 임차건물로 이전했다. 이 무렵 우미는 총무부, 경리부, 자재부, 공무부(건축) 등 4개 부서가 생겨날 만큼 회사가 외형적으로 성장하는 상황이었다. 각 부서마다 부장, 차장, 과장, 계장, 담당직원 등의 직위체계도 정착되었으며 직원 수는 약 30~40명에 달했다. 요즘 상황으로 보면 아직 작은 회사에 불과하지만 당시에 광주지역에 있는 여러 주택건설업체와 비교하면 손색없는 규모였다.

초창기 우미의 한계

사업이 순조롭게 진행되고 사세가 급격히 확장되었으나 여전히 초창기 기업으로서의 한계와 문제점은 많았다. 그때까지는 마치 전쟁을 치르듯 회사를 끌어온 게 사실이었다. 좌고우면左顧右眄할 여유가 없었다. 그러나 회사 규모가 커지고 사업이 확대되면서 그 동안 숨어 있던 여러 문제들이 더 큰 성장의 걸림돌이 되기 시작했다.

우선 자금동원이 어려웠다. 당시 소형 건설회사는 주주들이 능력껏 은행에서 단기차입금을 조달하여 운영자금을 충당하고, 이후 융자금이나 분양대금이 들어오면 이를 되갚는 방식이었다. 그런데 택지매입을 하려면 대규모 자금이 일찌감치 들어가는 데 비해 이를 회수하려면 오랜 기간이 소요돼 언제나 돈 때문에 쩔쩔매야 했다. 처음에는 여러 주주가 단기차입금을 조달했지만 라인광장아파트를 지을 무렵부터는 거의 나 혼자서 차입금을 조달하는 형편이었다. 그 때문에 나의 개인 부동산은 은행에 담보로 제공되기 일쑤였고, 그마저도 턱없이 부족하여 새로운 사업을 시작할 때마다 자금을 끌어대는 데 애로가 많았던 것이다.

자금동원 못지않게 심각한 것이 인력문제였다. 그때나 지금이나 중소기업은 인기가 별로 없어서 좋은 인재를 끌어오기도 힘들었지만 기존 직원들도 이직률이 매우 높았다. 이는 관리직이든 기술직이든 마찬가지다. 더욱이 역사와 전통에 빛나는 이름난 중소기업도 아니고 이제 막 기초를 잡아가는 초창기 중소건설사이니 사정이 오죽했겠는가. 심지어 신입사원들조차 기회만 되면 더 나은 곳, 더 큰 기업으로 이직하려고 했다. 당연하다 할 수 있다.

주로 전남과 광주지역의 지방대학 출신인 신입직원들은 만족할 수 없는 보수와 건설회사 특유의 현장근무, 무엇보다 불투명한 장래성 때문에 기회만 있으면 회사를 옮기려 했다. 회사로서는 관련 분야에 대한 인재육성이 어려웠고, 건설공사 업무에서도 노하우 축적이 되지 않는 등 장기적으로 기술 및 인력관리 문제가 많았다. 나는 이를 뼈저리게 느꼈기에 회사가 정상궤도에 오르면 반드시 이 문제를 해결하리라 마음먹었다. 그러나 그것은 나중의 문제요 당시로써는 참 힘든 상황이었다.

또 하나의 문제는 경영시스템을 갖추지 못했다는 것이다. 군생활의 경험을 살려 업무체계를 갖췄다고는 하지만, 중·단기 현안에 신속히 대응하면서 장기적인 발전전략을 세워 일사분란하게 추진할 수 있는 경영체로서의 체계는 잡혀 있지 못했던 것이다. 내가 1인 체제처럼 회사를 이끌어 왔지만 법적으로는 엄연히 공동경영이 이뤄지고 있었다.

그러기에 신속한 의사결정과 장기적인 전략추진 등에 많은 문제가 있었다. 때로는 일부 주주의 지나친 의욕과 대안 없는 비판으로 회사 발전에 부담을 주는 경우도 있었다.

제2의 창업, 독립선언하다

초창기 기업으로서 더 큰 발전과 도약을 기하려면 뭔가 새로운 변화가 있어야겠다고 생각했다. 이대로는 언제나 작은 건설회사로 늘 허우적거리며 주먹구구식 경영을 하게 될 것이라는 위기감을 느꼈다. 불안정한 합자 형태의 공동자본과 애매모호한 역할분담 등으로는 급변하는 환경에 신속하고 능동적으로 대처할 수 없을 것이 뻔했다.

뿐만 아니라 사원들의 잦은 이직문제를 근본적으로 해결해 인력의 안정적 육성을 꾀함으로써 기술을 축적하고 재무구조의 안정화를 이루는 한편, 중·단기 현안에 기민하게 대응하기 위해서도 회사다운 회사로 탈바꿈해야 했다. 그러려면 이대로는 안 되겠다 싶어 결국 공동경영에서 탈피해 독립하기로 결심하게 된다.

1989년 초 어느 날, 나는 주주들에게 이 회사를 인수해 경영하라고 밝힌 뒤 독립할 것임을 선언하였다.

“서로 각자의 길을 가도록 합시다. 여러분들은 이 회사를 인수해 경영하십시오. 저는 독립해서 새로운 사업을 하도록 하겠습니다.”

주주들이 깜짝 놀랐다. 모두들 말렸지만 나의 결심은 확고했다. 즉흥적인 결단이 아니라 오랫동안 심사숙고한 끝에 내린 결론이었기 때문이다.

1989년 2월 28일 나는 자본금 1억 원을 마련해 '우미산업개발'을 설립했다. ㈜우미의 직원 40여 명 가운데 서너 명을 제외하고 모두 나를 따라왔다. 제2의 창업이었다. 나는 제2의 창업을 하면서 반드시 대한민국 최고의 주택건설회사를 만들겠다고 다짐했다.

그렇다고 우미와 등을 돌린 것은 아니었다. 나의 회사에도 '우미'라는 명칭을 사용했듯이 '우미'에 대한 나의 애정은 깊었다. 우미와의 관계를 청산한 것이 아니라 우미가 시행을 하고 우미산업개발이 시공하는 방식으로 관계를 유지했고, 사무실도 한동안 기존 우미 사무실을 함께 사용했다.

독립을 선언하고 홀로서기에 나선 후, 모든 게 순탄하지만은 않았지만 광주시 동림동의 아파트를 비롯해 용봉동과 우산동 등에 연이어 아파트건설을 시작했다. 그 사이 회사를 월산동으로 이전하여(1990년 12월 24일) 우미산업개발의 단독 사무실을 마련했다. 우미산업개발이 신규 아파트건설사업을 전담하는 대신 ㈜우미건설은 건축공사업 면허를 우미산업개발에 양도하고 아파트 관리에만 전념하기로 교통정리가 이뤄졌다. 내가 빠져나간 이후의 어쩔 수 없는 상황변화였다. 이렇게 ㈜우미건설은 주택관리회사로 명맥을 유지하며 쇠락의 길을 걷다가 1997년 4월 18일 주주 총회에서 청산하였다('우미'는 과거 1989년 8월 '우미건설'로 사명을 변경한 바 있다. 오늘날의 우미건설은 1991년 종합건설업을 위하여 설립한 '우미주택'을 1999년에 개명한 것이다).

창업 이야기를 마무리하며

지금까지의 이야기를 통해 독자들은 한 사람의 열정과 역량이 얼마나 중요한지 알게 되었을 것이다. 상황이 힘들수록 더더욱 중요한 것이 CEO의 역량이다. 창업 초창기의 기업일수록 더욱 그렇다. 경영전문가들은 학문적, 이론적 차원에서 오너 기업보다는 전문경영인 기업이 돼야 한다고 주장한다. 하지만 직접 창업을 하고 기업을 키워온 내 경험으로는 꼭 그런 것만은 아니라고 확신한다. 회사의 틀이 잘 잡힌 기업이라면 전문경영인도 필요할 것이다. 그러나 창업 초기에 어떤 전문경영인이 창업자만큼 열정을 갖고 피눈물 나는 노력, 아니 사활을 건 필사적인 노력을 기울이겠는가.

나는 모든 난관을 온몸으로 받아내며 굳건히 회사를 이끌었다. 언젠가 반드시 크게 잘될 것이라는 커다란 희망과 최고의 건설회사를 만들겠다는 꿈을 가슴에 품었다. 이를 실현하기 위해 주말에도 쉬는 날이 없었고 매일 새벽 5시에 기상해 저녁 늦게까지 현장에서 살다시피 했다. 그 때문에 직원들 역시 고생할 수밖에 없었다. 그럼에도 그들로 하여금 고생을 감수하게 하려면 회사의 장래에 대한 믿음을 심어줘야 한다고 생각했다. 사람은 반드시 돈으로만 살아가는 것이 아니다. 꿈과 희망이 있다면 현실의 고통은 어느 정도 감내할 수 있는 것이다.

그래서 나는 사원들에게 끊임없이 회사의 비전과 장래에 대한 확신을 심어주려 노력하는 한편 솔선수범해 사업을 독려하였다. 다행히 직원들이 나의 열정과 자신감 그리고 근면성을 인정해주었다. '이 사람을 따라가면 뭔가 희망이 있겠다'는 인식이 사원들의 가슴에 조금씩 뿌리내렸다. 지금도 그 어려운 여건 속에서 나를 믿고 따라주었던 초창기 임직원들에게 깊은 고마움을 갖고 있다.

* * *

1973년 군에서 제대한 지 16~17년, 1976년 단독주택사업으로 건설업에 뛰어든 지 13~14년 만이었다. 온갖 우여곡절 끝에 '우미산업개발'을 탄생시키며 본격적인 주택건설회사로의 진입에 성공한 것이다. 그 이후 우미가 어떻게 발전해 오늘에 이르렀는지 시시콜콜 여기에 옮기지는 않을 것이다. 그것은 나 개인보다는 회사의 역사요, 이 글을 끝내는 순간에도 계속해서 전개될 살아있는 역사이기 때문이다.

그러므로 창업 이후 오늘의 우미가 되기까지의 역사는 이 정도에서 마무리하겠다. 나의 '성취('성공'이라고 말하지 않겠다. 앞으로도 계속 전진해야 하니까)'는 이렇게 시작됐다. 퇴직금으로 시작된 창업의 길, 사업실패를 딛고 맨손으로 재기한 나의 창업이야기를 글로 남기는 이유는 다른 게 아니다. 오늘날 일자리 때문에 전전긍긍하는 청춘들, 창업이 꿈인 직장인들, 그리고 창업의 길로 들어선 수많은 이들에게 조금이나마 도움이 될 수 있을까 해서다. 그리고 무엇보다도 계속 우미를 키워나갈 우미 가족들에게 '창업자가 어떤 결단의 과정을 거쳐 터전을 만들었고, 그것이 어떻게 오늘에 이르게 되었는지' 들려주고 싶어서다.

창업의 성공요인

창업 이야기를 마무리하며 이쯤에서 창업에 성공한 요인을 분석해보는 것도 의미가 있을 것 같다. 어떤 이들에겐 내 창업 이야기가 매우 평범하게 들릴지 모르겠다. 그러나 맨손으로 시작한 창업이 나름 성공을 거둔 데에는 그만한 까닭이 분명히 존재한다고 본다. 단순히 "양성사업으로 성공할 것"이라고 예언한 스님 때문에 그렇게 된 것은 아니다.

지금까지의 이야기를 보고 '운이 좋아서 성공했다'고 생각하는 독자가 있을지도 모른다. 물론 세상사가 노력만으로 다 되는 것은 아니다. 사람들은 종교가 있든 없든 힘겹고 어려울 때는 자연스레 신에게 의지하고 기도하거나, 하다못해 조상님께라도 기원을 드리곤 한다. 이런 현상 자체가 부지불식간에 운이나 운명을 믿는 것이라 할 수 있다. 그러나 그 운이나 운명이 절대적인 것은 결코 아니다. 아무리 양성사업의 운명을 타고났다 하더라도 내가 그 길을 가지 않았다면 그 운명이 맞을 리 없지 않은가.

나에게 "어떻게 그 어려운 여건에서 창업에 성공할 수 있었냐"고 묻는다면 다음 다섯 가지로 압축해 대답하고 싶다.

도전정신

무엇보다 '꿈을 갖고 과감히 도전한 것'을 창업에 성공한 첫 번째 요인으로 꼽겠다. 앞에서도 밝힌 바 있듯 군을 제대하면서 '나머지 삶 동안 매월 연금만 타먹으면서 살아가지는 않겠다'고 다짐한 것부터가 나의 도전을 암시하는 것이기도 하다.

나는 지금도 직원들에게 종종 이런 말을 한다. "매사 너무 완벽한 사람은 쓸모가 모자랄 수 있다. 지나치게 신중하거나 소심하다보면 도전 정신이나 적극성이 떨어지기 때문이다"라고.

나의 성격은 매우 꼼꼼하고 치밀하다. 돌다리도 두들겨보고 건넌다. 그러나 과감히 도전할 때는 앞뒤 재지 않고 도전한다. 그러한 패기와 도전정신이 창업초기의 성공요인이었음은 틀림없다. 창업은 솔직히 창업자의 패기와 도전정신 없이는 불가능한 것이다.

뚜렷한 목표의식과 강한 성취욕

제대 후 두 차례의 도전에서 연거푸 실패했을 때 웬만한 사람이면 좌절해버리거나, 또는 방향을 바꾸어 다른 직장을 찾았을

지 모른다. 그러나 나는 또다시 도전에 나섰다. 그만큼 반드시 무언가를 이루려고 하는 성취욕이 강했다. 그냥 물러설 수 없었다. 그렇게 되면 군대생활을 버린 의미도 가치도 없을 것이기 때문이었다.

물론 전자부품회사 동광써키드를 시작할 때나 양돈사업을 시도할 때도 대충 해서 밥이나 먹고 살겠다는 식으로 뛰어들지는 않았다. 반드시 그 업계에서 최고의 사업을 하겠다는 큰 목표를 잃지 않았다. 전혀 예상치 못했던 사정으로 실패를 했지만 말이다.

마찬가지로 건축회사를 만들면서도 단순히 집장사를 해 잘 먹고 잘살겠다는 식으로 시작하지는 않았다. 소비자가 좋아하는 최고의 집을 지어 궁극적으로 우리나라에서 가장 집을 잘 짓는 최고의 주택건설회사를 만들겠다는 목표를 세웠다. 비록 직원이 두세 명 밖에 없는 초라한 회사였을 때도 목표는 뚜렷했고 꿈은 컸다. 그 뚜렷한 목표의식과 그것을 반드시 이뤄내겠다는 강한 성취욕이 결국 아파트라는 상품을 통해 알게 모르게 나타났다. 이를 통해 소비자의 마음에 드는 집을 짓게 되었고, 그럼으로써 창업에 성공할 수 있었다고 본다.

치밀한 계획

동광써키드와 양돈사업 실패를 거울삼아 주택건설에서는 더욱 치밀한 계획을 세운 것이 성공의 요인이었다. 초창기의 회사는 나 혼자서 모든 것을 해야 할 상황이었지만, 당시 내가 일하는 방식은 대기업의 방식이라 할만 했다. 대충 계획서를 만들고 설계업체에 설계를 맡기는 것이 아니라 여러 분야의 정보를 모으고 다방면에서 접근하는 세심한 분석을 통해 계획서를 작성했다. 토지매입에서 주택분양에 이르는 모든 사업일정과 추진전략, 자금의 수급·조성, 완공 후의 입주 전망, 다른 아파트와의 비교분석, 위험부담과 문제점, 그리고 아파트에 대한 사회적 인식과 향후 전망에 이르기까지 폭넓고 치밀하게 계획을 세웠다.

이처럼 오늘날 큰 건설회사로 성장한 우미의 탄생은 잘 짜인 계획에서 비롯됐다고 확신한다.

몰입의 실행력

앞에서도 언급한 바 있듯 나는 일을 하게 되면 "지독하다"는 이야기를 들을 정도로 몰입한다. 계획서를 만들 때도 그렇지만 그것을 실행에 옮길 때도 마찬가지다. 특히 세대평면설계도를 만들 때는 다른 회사의 모델하우스를 쉴 새 없이 찾아다니며 장·단점을 파악해 설계에 반영하였다. 이 정도면 소비자가 만족할 수 있겠다는 생각이 들 때까지, 이 정도면 어떤 회사의 어떤 주택과 견주어도 자신 있다는 판단이 설 때까지 수없이 설계를 수정하면서 말이다.

또한 공사를 할 때는 새벽 5시부터 현장에 나타나 오직 좋은 주택을 짓는 데 몰입하며 최선을 다했다. 이렇게 일에 임할 때는 가족까지 잊고 지낼 정도로 혼신의 노력을 다하는 것이다.

자고로 '진인사대천명'이라고 하지 않았나. 사력을 다해 몰입하면 길이 보이고 그러면 하늘이 도와 행운이 따른다는 것이 나의 지론이다.

신뢰받는 인간관계

창업을 함에 있어 인간관계야말로 성공의 열쇠라고 본다. 군에 있을 때 교류했던 사람들을 비롯해 사업을 하면서 알게 된 사람들…. 심지어 초기 사업에 실패했을 당시에도 그 사람들에게 '내가 어떤 사람인지 믿게 한 것'은 큰 소득이었다. 결국 사업은 '사람'이 하는 것이기에 사람들로부터 신뢰를 얻는 것이 가장 중요하다.

군생활이나 사회생활에서 내가 인간관계가 좋지 않았다거나 사람들로부터 신뢰를 얻지 못했다면 한두 번 실패한 것에서 나의 창업은 끝장이 났을 것이다. 결국 주위의 많은 사람들이 나를 믿고 지원해준 덕에 역경을 헤쳐 나갈 수 있었고, 자금을 동원할 수 있었던 것이다.

나는 어려운 여건에서도 약속은 반드시 지켰으며 그 신뢰를 바탕으로 연결된 사람들이 고비마다 큰 도움을 주었기에 창업에 성공할 수 있었다.

2부

경영 이야기

시련을 넘어 도약으로

시련으로 다가온 성장통

앞에서 우미의 창업에 얽힌 이야기를 소개했다. 다른 이가 보기에는 우미가 큰 시련 없이 승승장구한 것처럼 보일 수도 있을 것이다. 하는 사업마다 척척 일이 잘 풀려서 오늘의 우미가 된 것으로 생각할 수도 있다. 그러나 당사자인 나의 입장에서 보면 단 하루도 마음 편히 지낸 날이 없었던 것 같다. 여러 생각에 수많은 밤을 잠 못 이루며 뒤척였는가 하면, 때로는 예기치 않은 상황을 헤쳐 나가기 위해 동분서주해야 했다. 세상에 비단길만 달려가는 기업이 어디 있겠는가.

우미의 성장과정에 크고 작은 시련은 여럿 있었다. 오히려 창업초기에는 큰 오류 없이 계획대로 사업이 추진됐으나 사업규모가 점점 커지고 영역이 넓어지면서 이런저런 위기에 봉착해야만 했다. 특히 1990년대 들어서는 몇 번의 시행착오로 인해 적지 않은 손실을 입었으며, 때로는 회사의 존폐 여부를 걱정해야 할 정도로 큰 위기에 봉착하기도 했다. 주택건설사업의 특성상 아파트건축을 위한 부지매입을 둘러싸고 커다란 분쟁이 발생하기도 했다.

물론 시련이 닥쳤을 때는 그것으로 인해 큰 좌절감을 느끼며 어떻게 해야 좋을지 모를 만큼 절체절명의 위기처럼 보였지만, 돌아보면 그것은 더욱 좋은 기업, 더 강한 회사가 되기 위한 성장통이었던 것 같다. 시련을 통해 경험이 축적되고, 그럼으로써 더 나은 회사로 발전할 수 있었으니까 말이다. 그동안 겪었던 시련과 위기 중에서 기억에 남는 몇 가지를 더듬어보겠다.

토지매입의 실수

1992년 7월부터 우미는 전라남도 담양군 금성면 대성리 일대의 약 1만 3,000평에 달하는 부지를 야적장으로 사용하기 위해 순차적으로 매입하였다. 야적장은 건축공사에 필요한 자재들을 쌓아두거나 보수·관리를 위해 반드시 필요한 것이다.

그런데 야적장 부지매입이 끝난 시점에 심각한 문제가 발생했다. 그 토지의 일부가 미등기 전매轉賣 물건이었음에도 매입을 서두르는 바람에 전 소유권자에 대한 확인절차를 거치지 않은 것이 실수였다. 전매 부동산의 경우 토지가격이 시가에 비해 비싼 경우가 많고 자칫하면 건설회사가 부동산투기를 한 것으로 오해받을 수도 있는 일이기 때문에 나로서는 참 난감한 상황이었다. 결국은 사태가 악화되어 검찰의 조사가 이루어졌고 결국 그 부동산중개업자만 처벌을 받았으나, 우미도 손실이 적지 않았다.

이 뼈아픈 실책은 그 이후 토지매입을 하는 데 좋은 교훈이 되었다. 부동산매입에 따른 실무지침을 만들어 두 번 다시 그런 실수가 없도록 했다. 즉 부동산을 매입할 경우 가능한 한 시간적인 여유를 가지고 상황을 점검하여 전매 여부를 따져야 하고, 만약 미등기 전매물인 경우에는 반드시 전 소유권자의 입회(또는 확인)하에 매매계약체결을 함으로써 분쟁의 소지를 사전에 예방해야 한다는 방안이었다.

* * *

토지매입과 관련된 문제는 몇 번 더 있었다. 그 중의 하나는 광주시 봉선동에 아파트건설을 추진하면서 아파트부지를 매입했는데, 그것이 뒤늦게 쓰레기 매립지로 밝혀져 사업이 무산된 일이다. 우미에서는 주로 한국토지개발공사에서 불하하는 토지를 대상으로 아파트사업을 해왔는데, 이때는 개인 소유의 땅을 매입해서 아파트건설을 추진하다가 문제가 생긴 것이었다. 이 사건도 부동산중개업자가 낮은 시세 가격을 내세우며 쓰레기 매립장이었다는 사실을 숨김으로써 발생한 것이다. 낮은 시세에만 집착하여 구체적인 정황을 알아보지도 않은 채 매입을 서두른 것이 실책이었다.

우미는 다소 손실을 감수하면서라도 그 부지에 아파트를 세울 방안을 모색했다. 하지만 허가관청인 광주시 남구청에서는 매립 폐기물을 완전히 처리하지 않고는 건축 인허가를 불허한다는 강력한 방침을 내세웠고, 결국 중도 포기할 수밖에 없었다.

그리고 불과 1년 뒤인 1994년 5월경 광주 화정동 아파트공사의 착공시점에 사용택지에 대한 '토지소유권 원인무효소송'이 제기되었다. 택지의 소유자가 50여 명에 달했는데 그중 1,000여 평의 부지가 그 지역 한 문중門中으로부터 명의신탁이 되어 있던 공동소유의 토지였는데 미처 그것을 파악하지 못했던 것이다. 소송은 토지의 공동매도자와 문중대표자 사이의 책임 떠넘기기 공방이 이어지면서 시일만 끌었다. 결국 그 문중의 사람들에게 매입자금 외에 상당액의 보상을 해준 후, 이듬해인 1995년 1월 12일에서야 착공에 들어갈 수 있었다.

* * *

토지매입과 관련된 몇 가지 사안에서 얻은 교훈이 있다. 대기업이라면 이 정도 거래에서 발생하는 문제는 별로 큰 문제가 아닐 수 있다. 왜냐하면 유능한 직원들이 수두룩하고 회사의 체계가 제대로 작동하며 심지어 부동산거래와 그에 따른 법률을 전담하는 조직이 있기 때문이다. 그러나 당시 우미는 창업초기의 기업형태를 완전히 벗어나지 못했고, 중소기업으로서 회사의 실무

체계 역시 짜임새 있게 구성되지 못했다. 이 상황에선 작은 시련조차 회사가 휘청거릴 수 있는 심각한 문제로 커질 수 있었던 것이다.

독자에겐 별 재미없을 토지매입 이야기를 길게 하는 이유가 있다. 창업을 꿈꾸는 사람에게는 이 사례에서도 교훈을 얻을 수 있기 때문이다.

첫째는 창립초기 작은 회사에서는 별것 아닌 사소한 사안에 덜컥 발목이 잡혀 사업에 실패할 수 있다는 것이요, 또 하나는 체계가 제대로 잡히지 않은 회사에서는 경영자가 모든 업무를 실무적 자세로 꼼꼼히 챙겨야 한다는 것이다. 경영자가 마치 큰 회사의 CEO처럼 행세하려 하다가는 전혀 예상치 못했던 실무적인 사건에 휘말리게 된다. 우미의 경우도 실무자의 실수에서 비롯된 것이기는 했지만, 궁극적인 책임과 부담은 결국 경영자인 나에게 모두 돌아올 수밖에 없는 것이었다.

우미 최대의 시련기

그 외에도 우미는 몇 번의 시련을 겪어야 했다. 1994년 12월 30일 우미 본사를 광주 월산동에서 하남 사옥으로 이전하여 산뜻한 새해 새 출발을 기대했던 우미 가족에게 예기치 못한 일들이 이어졌다.

M건설에 상호시공 연대보증을 서준 것이 문제가 되어 우미에

그 책임의 일단이 강요되었다. 그리고 다음해 5월에는 광주 하남동의 우미아파트 부동침하현상이 문제시 되었으며, 또한 얼마 뒤에는 설상가상으로 특별세무조사를 받는 등 몇 가지 사건이 한꺼번에 몰아닥쳤던 것이다.

당시 세무조사는 특별히 우미에 문제가 있어서가 아니라 건설업계 웬만한 대기업이나 중견기업이라면 대부분 받은 것이어서 별다른 문제없이 넘어갔지만 내게는 좋은 교훈이 됐다. 즉 기업을 하는 동안 세금에 대하여는 반드시 원칙대로 하리라는 결심을 굳힌 계기가 된 것이다.

*　*　*

여러 문제들 중에서 우미를 가장 큰 곤경에 빠뜨렸던 것은 앞서 언급한 'M건설과의 상호시공 연대보증'이었다. 1994년 12월, M건설이 부도를 맞았다. 우미에게 최대의 시련이 닥쳐오고 있었다. 1990년대 광주의 건설업계는 건설사들이 난립하면서 제 살 깎아 먹기 식 출혈경쟁이 벌어졌고 그로 인해 건설사들의 경영상태가 크게 악화됐다. 드디어 상당수 지역 건설사들이 하나둘씩 부도를 맞아 쓰러지기 시작했다. 그런 상황에서 M건설 역시 극심한 경쟁과 불황의 파고를 넘지 못하고 부도를 맞았던 것이다.

문제는 '주택건설촉진법' 등에 따라 당시 관행적으로 엇비슷한 규모의 건설사들끼리 준공 및 근저당권 말소에 대한 이행보증을 선 데 있었다. 공동주택의 건설을 촉진하기 위하여 '주택건설촉진법'에는 분양아파트를 지을 경우 3개 회사가 보증을 서면 건축공사가 완공되기 전에 미리 분양을 할 수 있도록 하는 규정이 들어 있었다.

우미도 이 같은 제도와 관행에 따라 M건설이 사업을 추진하던 광주 주월동 아파트건축사업 등 4개 단지에 보증을 섰다(우미 역시 건설공사를 할 때 다른 회사의 보증을 받곤 했다). 그런데 그만 M건설이 부도를 맞게 되어 우미는 당연히 보증책임을 져야 하는 상황이 된 것이다.

법에 따라 상호 이행보증을 서고 있지만, 건설사 부도로 인해 그와 같은 법적 책임을 지는 경우가 실제로는 거의 없었기 때문에 우미로서는 전혀 예상치 못한 일이었다. 제도와 관행, 여기에 불운이 겹쳐서 발생한 시련이었다. 참으로 황당하고 억울하기 짝이 없었다.

이 시기에는 전국적으로도 건설회사의 부도사태가 많이 발생했는데, 광주와 전남지역만 놓고 보아도 8개 아파트현장의 부도사태가 발생하여 입주자들이 대규모로 항의하는 등 사회적 물의를 빚고 있었다. M건설이 분양한 아파트에 입주할 예정이었던 주민들도 시위를 계속했고, 언론들도 대대적으로 보도해 지역의 큰 이슈가 되면서 상황은 걷잡을 수 없이 확산되었다. 사회적 분위기가 이러니 광주시의 행정적 압력은 단호할 수밖에 없었고, 우미는 그 책임을 고스란히 떠안아야 할 입장에 처했다.

정말 난감했다. 우미는 광주 도산동(1994년 5월 착공), 월계동의 첨단 1차(1994년 7월 착공), 전주시 평화동(1994년 9월 착공), 전북 익산시 어양동(1995년 3월 착공), 광주 화정동 및 상무동 1차(1995년 5월 착공) 등 6곳에서 아파트공사를 진행하고 있었기에 보증채무를 해소할 재정적인 여력이 전혀 없는 상황이었으니까 말이다.

이를 어찌 것인가? 나는 여러 가지 방안을 놓고 사태수습을 고민했으나 진퇴양난이었다. 창업 이후 가장 큰 시련에 봉착한 것이다. 어쨌거나 나로서는 모든 역량을 총동원해 사태해결에 나설 수밖에 없었다. 나는 이른 새벽부터 밤늦게까지 사태수습을 위해 뛰어다녔다. 하지만 뾰족한 해결책이 보이지 않았다. M건설 연대보증 문제는 생각할수록 절망적이었다. 나는 이때 창업 이후 처음으로 회사 임원들 앞에서 눈물을 보이기도 했다.

"우미가 넘어지면 대한민국이 손해인데 그걸 누가 알아주겠는가. 앞으로 우리 회사를 최고의 기업으로 만들고 싶었는데…. 결국은 회사를 기부채납해야 하는가?"

그 정도로 절망적이었다. 그러나 궁하면 통하고, 하늘이 무너져도 솟아날 구멍이 있다고 했던가. 서로 연관된 기업과 행정기관이 머리를 맞대고 숙의를 거듭하면서 조금씩 해법이 보이기 시작했다. 함께 보증을 섰던 J건설과 N건설 등 타 건설업체들이 보증금을 서로 분담하기로 하고 건설 중이던 아파트는 M건설과 공동 시행사였던 H건설이 책임을 떠맡아 공사를 진행하되, 법정관리 상태에서 명맥을 유지해가던 M건설도 일정 부문의 공사를 계속하는 것 등으로 사태가 겨우 수습되었다.

내우외환에 빠지다

이 사태를 통해서도 소중한 교훈을 얻었다. 보증을 서면서 M건설의 경영상태, 동향 등을 철저히 파악하지 않은 채 관행만 믿고 피동적으로 처리했기 때문에 막대한 손실을 초래했던 것이다. 또한 규모가 크고 이름이 있는 회사라도 무리한 사업확장으로 자금난에 빠지면 부도를 맞게 되므로, 결코 욕심을 부려 무리하게 사업확장을 해서는 안 된다는 것도 배웠다.

그동안 우미는 회사 규모는 작지만 입주민의 신뢰를 우선시하면서 조금씩 성장을 다져왔었다. 대기업 이미지를 앞세운 채 작은 회사들을 압도하면서 물량공세를 펼치는 대형 건설사들과는 본래부터 경영 노선에 차이가 있었던 것이다.

우미는 아파트를 지을 때 설계에서부터 시공, 입주에 이르기까지 철저하게 소비자 위주로 사업을 진행해 왔다. 따라서 매번 주택사업을 시작하고 끝마칠 때마다 그리 큰 이익을 내지는 못했으나, '입주민들의 신뢰가 쌓이는 것이 곧 큰 자산이 될 수 있다'는 믿음으로 일관하여 조금도 흔들림 없이 사업을 영위해 왔던 것이다.

그런데 M건설과 관련된 사태를 비롯해 토지매입에 따른 말썽 등 여러 사건이 한꺼번에 몰아닥치면서 회사는 점점 깊은 수렁으로 빠져드는 듯했다.

그러자 회사의 향후 상황에 대한 불안감이 회사 내외에 퍼져갔다. 미래가 불투명한 마당에 차후 공사계획은 수포로 돌아가는 듯 보였고, 진행 중인 모든 공사일정에 혹시 차질이라도 빚을까봐 전전긍긍하는 분위기였다. 회사가 걷잡을 수 없이 퇴조하거나 몰락의 길을 걷게 될 지도 모른다는 등의 소문이 나돌았다. 그렇게 되니 회사를 떠나려고 하는 직원들이 생겨났고, 회사 외부에서는 온갖 나쁜 헛소문이 돌았다. 외우내환의 위기를 맞게 된 것이다.

쌍봉사에서의 가피체험

앞서 말한 여러 사건들로 우미가 크게 흔들리고 있을 때 몇 가지 에피소드가 있다.

첫째는 쌍봉사에서의 가피加被체험이다. 거의 불가항력적인 상황에서 사태를 해결하기 위해 몸부림치던 나는 마음의 안정을 찾기 위해 쌍봉사로 거처를 옮겼다. 고향 친구인 김재휘 전남대 교수가 "절을 찾아 불심을 통해 마음의 안정을 구하라"는 권유를 했고 여러 사찰을 다니며 마음의 평안을 구하던 중 아예 쌍봉사에 거처를 정한 것이다.

쌍봉사는 전남 화순군 이양면 증리의 사자산을 배경으로 두 봉우리 사이에 자리 잡은 사찰인데, 조계종 제21교구 본사인 송광사의 말사로 신라 경문왕 때 도윤이 창건한 곳이다.

1995년 12월부터 3개월간, 나는 요사채에 머물며 매일 새벽 경내를 청소하고 불경 등 불교 관련 책을 읽었다. 낮에는 시간 나는 대로 산을 올랐으며 쌍봉사의 아름다운 자연풍광과 조용한 일상 속에서 명상과 사색으로 시간을 보냈다.

광주의 우미 사옥에서 화순 쌍봉사까지는 자동차로 1시간 정도 거리였다. 내가 그곳에 머무는 동안 긴급 현안에 대하여 담당 책임자들이 결재를 받아가곤 했다. 회사의 세세한 실무는 이석준 기획실장이 주도하였다.

김재휘 교수는 친구들과 함께 쌍봉사를 자주 찾았다. 이들이 오면 쌍봉사를 빠져나와 오랜만에 회포를 풀기도 했지만 현실은 여전히 답답했고 위기를 벗어날 방법도 보이지 않았다. 어느 날 나는 그들 앞에서 눈물을 흘렸다. 김 교수는 그런 나를 달래며 말했다.

"어야, 이 고비만 넘기면 되네. 자네 사주에 용이 2개 있네. 자네 아들은 용이 3개나 되고…. 용이 4개였던 삼성 이병철 회장도 한국경제를 호령하지 않았던가. 이번 위기만 벗어나면 자네의 운이 확 트일 걸세. 그리고 자네 아들은 천복을 타고나, 자네에게 물려받아야 하니 자네는 망할 수가 없네. 두고 보게나."

그가 예언가도 아니고 점성술사도 아니었지만 그래도 그런 말을 들으면 위안이 되고 힘이 솟았다. 그래서 진실한 친구가 좋은 것이요, 긍정적 믿음이 힘이 되는 것이다.

나는 쌍봉사에서 마음의 근본을 찾기 위해 매일 새벽과 저녁에 진실하게 예불을 올렸다. 또한 스님들의 수행하는 모습을 보고 많은 것을 느꼈다. 성철스님 등의 책을 통해서 고승들의 행적도 공부했다. 그들은 마치 목숨을 걸고 싸우는 전사처럼 진리와 깨달음을 얻기 위해 '용맹정진'하였다. 그들에게 예불은 구도를 향한 전투이고 전쟁이었다.

나도 마음의 평안을 찾기 위해 간절하게 기도했다. 날이 갈수록 죽기 살기로 매달리게 되었다. 밤 9시 이후 스님들이 방으로 돌아가면 법당에 상 하나를 펼쳐놓은 채 촛불을 켜놓고 기도를 했다. 세상이 고요하고 정신이 한 곳에 집중되면 바람에 흔들리는 나뭇잎 소리, 생명의 위대함을 드러내는 곤충 소리가 어둠을 뚫고 법당 안으로 들어옴을 느꼈다. 나는 두 손 모아 부처님을 향해 합장했다.

'부처님, 올바르게 살려고 하는데 정말로 어렵습니다. 이번 어려움을 이기게 해주시면 국가와 사회, 그리고 부처님을 위해 부끄

럼 없이 살겠습니다. 자비로 저를 조금만 살펴주십시오. 부처님!'

이렇게 기원을 하고나면 속이 후련해지며 마음에 평정이 찾아오곤 했다. 나의 명상과 기도는 이렇게 겨울 내내 계속됐다. 해가 바뀌어도 간절한 나의 기도는 멈출 줄 몰랐다.

1996년 2월 어느 날, 그날도 평소와 같이 밤 9시가 넘어 두 손을 모아 기도하고 있었다. 부처님을 보며 "관세음보살" 낭송하기를 수십 차례. 그 때 갑자기 부처님의 눈에서 번쩍하고 빛이 나오는 것을 나는 분명히 보았다. 그리고 그 빛이 나의 몸에 닿자 마치 전기에 감전된 듯한 느낌을 받았다. 한 순간에 일어난 일이다. 그러고는 곧이어 느껴지는 무한한 환희의 감정….

나는 말로 형용할 수 없는 환희, 기쁨을 맛봤다. 그것이 부처님의 자비로 사람에게 힘을 베풀어주는 '가피'라는 사실을 그 후에 알았다. 부처님에게 간절히 기도하면 그런 일이 일어난다는 것이 불가에서는 잘 알려진 사실이란다.

그런 신기한 체험을 해봤기에 나는 그 이후 매일 명상을 하며 남들에게도 명상을 권한다. 이런 사연을 모르는 사람이 보기에는 마치 종교에 심취한 것처럼 보일지 모르지만 그게 아니다. 그냥 '명상이 좋다'는 책을 읽어서 임직원들에게 권하는 것이 아니다. 나로서는 간절한 믿음과 확신이 있는 것이다.

가피 체험 이후, 지인들과 여러 산사에 다니며 함께 명상하곤 했다.

시련 속에서 발견한 희망

두 번째로 기억에 남는 에피소드가 있다.

회사가 시련에 봉착하고 '어쩌면 문을 닫을 지도 모른다'는 위기감이 팽배하던 어느 날이었다. 직원들이 회사를 떠나려고 한다는 소문이 들리고 있을 때 나는 문득 아들 이석준과 장동석이 떠올랐다. 아들과 장동석은 내가 간곡히 권유하여 우미에 입사하게 된 젊은이들이다.

특히 장동석은 우미에 인재가 절실히 필요하다는 생각으로 후

배인 전남대 윤순석 교수에게 부탁해 어렵사리 영입한 사람이었다. 대학을 수석으로 졸업하고 좋은 조건의 다른 회사에 얼마든지 갈 수 있었지만 내가 간곡히 설득하여 입사한 인재였다(이 두 사람이 어떻게 하여 우미에 들어오게 됐는지는 뒤에 자세히 설명할 것이다). 나는 4층 집무실로 장동석을 불렀다. 잠시 무거운 침묵이 흐른 후 내가 입을 열었다.

"우리 회사가 너무 어렵게 됐다. 아무래도 전망이 없을 것 같고, 나도 이제 자신이 없어진다. 장동석, 자네 올해 나이가 몇이고 회사에 들어온 지는 얼마나 됐느냐?"

분위기가 심상치 않다고 여긴 장동석이 낮은 목소리로 대답했다.

"올해 나이 스물아홉 살이고, 입사한 지 3년이 됐습니다."

나는 그의 얼굴을 똑바로 보며 천천히 말했다.

"요즘 대기업은 30대의 나이라도 채용하니까, 다시 준비를 해서 은행이나 대기업 등 네가 가고 싶은 회사에 들어가도록 해라."

나의 말에 장동석이 입을 다물고 침묵했다.

"……."

"네가 만약 공부를 더 하고 싶어 유학을 가고 싶다면 도와줄 수도 있다. 5년 정도는 유학경비를 대주겠다."

내가 왜 그런 말을 하는지 알아차린 장동석이었지만, 역시 아무 말도 하지 않았다.

"……."

그래서 내가 결론을 내렸다.

"이 자리에서 '예스', '노'를 말하기 어려우면 일단 돌아가서 생각해보고 내일 답을 주거라."

장동석은 말없이 자리에서 일어나 집무실을 나갔다. 나는 그가 젊고 능력이 있기에 다른 곳에 얼마든지 취업할 수 있다고 보았고, 그래서 십중팔구 다른 회사로 옮길 것이라고 생각했다. 회사 상황이 너무 어려웠으니까 말이다. 그런데 다음날이 되었는데도 그가 나타나지 않았다. 오전 10시를 넘길 무렵, 나는 또 그를 불렀다.

"장동석, 생각해봤나? 어떻게 할 것이냐?"

"……."

"얘기해봐라."

내가 재촉하자 장동석이 나를 똑바로 바라보며 말했다.

"설령 회사가 매우 어려워진다고 하더라도, 그때 가서 다른 길을 택해도 늦지 않을 것입니다. 저는 우미에서 계속 일하겠습니다."

내 가슴에서 뜨거운 것이 밀고 올라왔다. 자칫 눈물을 보일 뻔했다.

"너, 후회하지 않겠느냐?"

나의 물음에 그가 단호히 대답했다.

"후회하지 않겠습니다."

"알았다. 그럼 나가봐라."

"우미에서 계속 일하겠다"는 장동석의 뒷모습을 보며 참았던 눈물이 흘러내렸다. 나는 시련 속에서 희망을 발견했다. 시련보다 더 중요한 것이 '사람'에 대한 믿음이라는 사실도 깨달았다. 그리하여 더욱 굳게 다짐했다.

'반드시 우미를 일으키고야 말리라.'

하남아파트 부동침하 사태

시련과 고난은 한꺼번에 오는 법이던가? M건설의 부도파장을 전후해 발생했던 골치 아픈 사태가 '하남아파트 부동침하'에 관한 것이다. 우미가 1990년 12월에 착공해 1992년 3월에 준공한 광주 하남아파트의 부실시공 문제가 제기된 것이다.

부동침하不同沈下란 건물의 기초 지반이 내려앉아 구조물의 각 부분에 균열이 생기는 현상으로, 부등침하不等沈下라 하기도 한다. 건축물이 완공되면 그 무게 때문에 약간의 지반침하가 발생할 수 있는데, 그것이 가볍게 전체적으로 고르게 일어나면 구조물의 파괴나 상태가 변하는 일은 없다.

그러나 불균형(부동) 침하가 발생하면 경사가 지거나 변형되면서 균열현상이 나타난다. 심한 경우에는 건물의 벽체가 기울고 갈라지거나 건축물이 붕괴될 수도 있으므로 매우 위험한 상황에 직면할 수 있다.

이와 같은 부동침하의 징후와 정도는 건물의 창과 문이 뒤틀려서 여닫기가 매끄럽지 않은지, 또는 벽에 어떤 형태로 금이 가는지를 보면 알 수 있다. 그런데 준공한 지 3년이 지난 1995년 4월 24일에 입주민들이 관리사무소를 찾아와 처음으로 이 문제를 제기하였다.

그러나 우리 아파트의 품질에 대해서는 자신이 있었기에 일부 사소한 결함으로 생각하고 대수롭지 않게 대처한 것이 화근이었다. 뿐만 아니라 문제제기를 하는 입주민들로서는 우리의 자신만만한 태도가 불친절하게 보였던 모양이었다. 아파트 주민들은 우리 관리사무소의 태도가 무성의하다며 구청에 민원을 제기했고 그럼으로써 사태가 확대되었다.

더욱이 그때 그 지역에서는 D건설회사가 지은 아파트에 심각한 부동침하현상이 생겨서 보강공사를 시행하였기에 주민들은 '혹시 우미아파트도 부실이 아닌가' 하며 내심 걱정을 하던 터였으니 사정이 악화될 수밖에 없었다. 설상가상으로 이 문제가 제기되고 불과 두 달 뒤에 그 유명한 '삼풍백화점 붕괴사건'이 일어남으로써(1995년 6월 29일) 부실시공 문제가 커다란 사회적 이슈로 떠올랐다. 사태가 진정되는 게 아니라 불이 더 크게 번져버린 것이다.

사태가 이상한 방향으로 전개되고 있었다. 언론에서는 연일 건설회사들의 부실공사 실태를 집중 취재했고 더 나아가 건설업계 전반의 부실시공 문제를 크게 다뤘다. 더불어 모 일간지에서는 우리 하남아파트 부동침하현상을 실상보다 침소봉대하여 다룸으로써 불길이 더 거세졌다. 이렇게 되자 더욱 불안감을 느낀 하남아파트 입주민들은 아파트구조 전체의 안전진단을 요구하는 등 성화가 대단했다. 아파트의 경우 보통 입주 1년 후면 부동침하 등을 비롯한 여러 가지 안정성 여부를 판단할 수 있다. 그런데 입주 후 3년이 지나서 웬 날벼락인가 말이다.

진단해본 결과 부동침하의 원인은 두 가지로 추정되었다. 하나는 인접해 있던 타 건설회사 D아파트의 부동침하에 대한 보강공사를 하면서 시멘트액을 다량 주입하여 우리 아파트의 지반을 교란시켰을 것이라는 것이고, 다른 하나는 아파트 기초판을 지탱하는 일부 파일의 지지력이 부족하다는 것이었다.

나는 즉각적인 대책수립과 보강공사를 지시했다. 그러나 입주민들의 태도는 점점 더 완강해졌고 요구사항도 자꾸만 늘어났다. 내가 직접 나서 새벽 4시까지 14시간의 마라톤협상을 했지만 입주민대표 가운데는 논리적인 대화가 불가능할 만큼 강성인 사람도 있어서 대화를 나눌수록 합의는커녕 사태가 더 악화되었다.

그러나 끈질기게 그들의 이야기를 경청하고, 문제해결을 위해 할 수 있는 모든 노력을 쏟아 부었다. 결국 입주자들이 우리의 진정성을 알게 되었고 그럼으로써 조금씩 양보하는 적정선에서 상호 타협이 이뤄졌고, 사태는 수습되었다.

시련을 겪으며 앞으로

이 과정에서 우미는 큰 손실을 입었지만 얻은 것도 있었다. 즉 아파트건설공사에 있어 하자발생 문제를 더욱 심각하게 인식하게 된 것이다. 아무리 좋은 설계로 좋은 집을 짓더라도 한 순간의 방심이나 주변 상황으로 인해 사태가 이상하게 확대될 수 있다는 것도 깨달았다.

또한 그동안의 아파트건설은 대부분 설계와 시공 과정에 중점을 두었는데, 완공 후의 관리와 특히 입주민들에 대한 적극적인 A/S, 친절한 태도 등도 매우 중요하다는 교훈을 얻었다. 그렇게 시련 속에서도 최선을 다하는 모습을 보여줌으로써 소비자들에게 한발 더 다가가는 계기가 되기도 했다.

* * *

이렇게 해서 한바탕 폭풍우가 몰아쳤지만, 시일이 흐르면서 하나씩 문제해결의 실마리가 나타났고 결국 회사는 평온과 활기를 되찾았다.

그동안 지방의 작은 건설회사로서 큰 시련 없이 성장해 오다가 된서리를 맞은 격이었다. 나는 창업 이후 지금까지 일어났던 일들을 차근차근 돌아보았다. 그리고 경영에서부터 건설에 이르기까지 재점검해보는 기회로 삼았다. 우리 직원들을 어떻게 유능한 인재들로 육성할 것인지 고민하고, 직원들의 미래를 위해서라도 더욱 철저히 일하는 체계를 만들어 회사를 굳건한 반석 위에 올려놓아야겠다고 다짐하였다. 시련 속에서 우미는 한 발짝씩 앞으로 나아가고 있었다.

외환위기와 대반전 - 위기를 기회로

기업을 운영하면서 크고 작은 문제는 늘 발생하기 마련이다. 위기는 늘 있게 마련이다. 그러나 1995년을 전후하여 우미가 겪은 일들은 감당하기 버거운 것이었다. 더구나 여러 시련이 한꺼번에 닥침으로써 회사의 존폐를 걱정해야 할 정도였다. 다행히, 정말 다행히도 문제들이 하나씩 해결되면서 1997년에 들어서면서부터는 조금씩 활력을 되찾고 있었다. 이제 먹구름이 걷히고 새로운 지평이 열리는 듯했다. 그러나 그게 아니었다. 위기의 큰 파도가 또 밀려오고 있었다. 우미라는 회사차원이 아니라 대한민국의 경제상황이 불안하게 전개되고 있었던 것이다. 1월 23일 한보철강이 부도를 맞았고 3월에 들어서는 삼미, 진로 등이 잇따라 부도를 맞는 등 단순한 침체 이상의 이상징후가 보였다.

미리 대비하다

당연히 부동산시장도 불안한 기운이 감돌기 시작했다. 정부는 잘될 것이라는 식으로 말했고 국민들도 위기를 잘 극복할 것으로 기대했지만 나라 전체가 점점 더 침체의 늪에 빠지는 듯 했다. 나는 불안함을 느꼈다. 뭔가 '보이지 않는 위험징후'가 느껴지기 시작했다. 경영학자도 경제학자도 아니지만 균형감각이 있는 사람이라면 당시에 누구나 그런 느낌을 받았을 것이다.

중요한 것은 '느낌'이 아니다. 느낌에 따라 어떻게 대처하느냐다. 나는 수익성이 별로 기대되지 않는 공사는 과감히 포기하며 긴축을 시작하였다. 사업을 포기하니까 자연히 인력도 감축되었다.

나는 회사의 고급승용차도 지프차로 바꾸는 등 지출을 크게 줄이는 한편, 증자 등을 통해 회사의 자본금을 늘려 유동성 위기 등 경기불안에 대비하였다. 당시 직원들은 내 앞에서 말하지는 못했지만 내심 불만이 많았을 것이다. 왜 그렇게까지 긴축을 해야 하는지 의아했을 것이다. 너무 쥐어짠다고 보았을지도 모른다. 나중의 이야기지만, 돌연 외환위기를 겪으면서 직원들은 나의 사전 대비를 높이 평가해줬다.

M건설의 연대보증 등 여러 현안이 해결되고 아직 외환위기가 발생하기 전, 회사가 실속 있는 변화를 조금씩 이뤄가면서 전체

잠에서 깨어나 녹차 한 잔
그 차맛이 좋고

추구하는 일 자신 있으니
즐거움이 솟고

동트는 창살에 아침 맞으니
새롭게 다진 마음 하느님께 감사하네

적으로 안정을 찾자 나의 마음 역시 평온해졌다. 1997년 5월 20일 명상을 하면서 읊조린 자작시는 그때의 심경과 미리 준비해둔 사람으로서의 여유가 녹아 있다(위 그림 참고).

외환위기의 먹구름 앞에서

1997년이 저물어가던 12월 3일 오후 7시 40분, 한국의 임창렬 부총리와 캉드쉬 국제통화기금IMF 총재가 구제금융 합의서에 서명하면서 드디어 외환위기, 속칭 'IMF 사태'를 맞게 된다. IMF체제는 그동안 듣도 보도 못한 엄청난 충격을 몰고 왔다. 구조조정의 태풍, 경제 불황의 위기와 직접 맞닥뜨리게 된 것이다. 이는 건설업도 예외가 아니었다. 오히려 더 큰 충격을 받아야 했다.

정부가 IMF 요구 수준에 맞는 규제개혁안을 내놓으면서 건설업계에서도 경쟁을 촉진하고 투명성과 합리화를 지향하는 법제와 시스템 개편이 잇따랐다. 정부는 이듬해인 1998년 2월 건설업계의 고질적인 입찰담합을 근절하기 위해 '공공공사입찰담합대책'을 발표했다. 투명하면서도 치열한 수주경쟁이 시작된 것이다.

경기전반의 위축과 함께 국내 건설업 기반도 송두리째 흔들리는 모습을 보였다. 중대형 건설사의 도산이 속출했다. 국내 최고를 자랑하던 현대건설과 대우건설이 부도에 직면했고, 숱한 중견기업이 문을 닫아야 했다. 많은 건설사가 법정관리와 구조조정에 처했고 직원들은 정리해고나 임금삭감에 내몰렸다.

앞에서 밝힌 대로 우미는 이미 인원감축과 비용절감을 하는 등 긴축경영을 했지만 그 정도 대비로 외환위기를 극복하기에는 역부족이었다. 이것은 불철주야 노력을 한다고 해서 되는 것도 아닌, 나라 전체의 경제구조 및 상황과 맞물리는 것이었기 때문이다. 사실 외환위기 이전에 우리 국민들 가운데 'IMF'가 뭐하는 곳인지 아는 사람은 많지 않았을 것이다. 또한 '구조조정'이라는 말도 귀에 생소한 용어였다.

경제 여건이 워낙 어려워져서 건설분야의 미래가 안개 속을 헤매듯 불투명해졌다. 산업 전반에 투자가 위축되면서 주택경기가 불황을 맞았고 건설업계 전체적으로도 수주 물량이 급감하게 되었다. 뿐만 아니라 도시지역에 살던 거주민들이 생활고 때문에 고향이나 연고지 등을 찾아 시골로 이주하는 경향을 보여 도시마다 주택수요가 급격히 줄어들었다. 기존의 주택수요자들도 가계의 자금사정이 어려워지면서 미분양아파트가 증가하였다. 심지어 임대아파트 입주자들마저 해약을 원하는 사례가 폭주했다.

우미는 IMF체제가 도래하기 직전인 1997년 7월 11일, 광주시 서구 풍암동에 소형 평형의 공공임대아파트 1,233세대를 착공하여 야심찬 사업을 시작했었고 그로 인해 직원들의 기대가 컸다. 그런데 공사가 시작되자마자 외환위기가 터지며 부동산경기 역시 급격히 침체된 것이다. 이는 잠을 이루지 못할 정도로 심각한 위기였다. 분양이 제대로 이뤄지지 못하면서 공사대금도 제때 들어오지 못했다. 그야말로 새로운 차원의 경영위기가 다가오고 있었다. 새로운 대책 마련이 필요했다.

발상을 바꿔 공격경영으로

상황을 예의주시하며 타개책을 궁리하던 나는 수세로 몰릴 것이 아니라 공세적으로 나가야 한다고 판단했다. 그렇게 할 수 있었던 것은 설령 외환위기 자체를 예견하지는 못했지만 불안한 경제상황을 느껴 인력감축, 비용절감, 재무구조 개선 등 구조조정을 미리 했기 때문이었다.

나는 사재 80억 7,000만 원을 풀어 무상으로 회사에 출연해 회사 자본금을 크게 늘렸다. 당시 정부는 기업의 재무구조개선을 위해 대주주가 회사에 재산을 출연하면 한시적으로 법인세를 부과하지 않았다. 오너의 사재출연을 통해 회사의 재무구조를 개선하고 현금 유동성을 확보하는 한편, 직원들에게는 위기상황에서 경영자가 꽁무니를 빼는 것이 아니라 정면으로 대처하는 모습을 보임으로써 위기극복의 자신감을 심어주는 효과가 있었다.

나는 외환위기 상황 속에서 공사를 중단하거나 미루는 대신 풍암지구의 사업을 1, 2차로 분리하여 시장상황에 유연하게 대처하는 길을 선택했다. 예컨대 1차 사업은 분양하면서 시공을 해나가는 반면, 2차 사업은 시공을 거의 다 끝낸 뒤에 분양하는 식이다. 분양시기를 적절히 배분하여 물량을 조절하였다. 뿐만 아니라 소비자들의 어려운 사정을 감안해 보증금 인하와 함께 2년 반 후에 분양가를 확정하는 조건을 제시하는 등 파격적인 마케팅을 펼쳤다.

지역의 다른 건설사들은 극심한 불황에 거의 모든 공사를 중단한 상태였으나, 우미가 예정대로 사업을 진행하는 것을 보고 걱정 반 기대 반으로 관심 있게 지켜봤다. 그들은 "우미가 선전善戰해야만 풍암지구뿐만 아니라 광주 전체의 분양이 활성화될 것"이라고 했다. 우미가 광주지역 아파트건설시장의 흐름과 성패를 보여주는 바로미터가 된 셈이다.

나는 더욱 공격적으로 나갔다. 1999년 4월, 아파트공사가 거의 완료된 시점에서는 아파트 품평회라는 것을 열었다. 지금의 '입주자 설명회' 격이다. 지금은 일반화되어 있지만 당시 건설업계로서는 생각지도 못했던 이례적인 일이요 창의적 발상이었다. 품평회 날 일말의 불안감이 있었다. 행사가 제대로 되지 않으면 기껏 의욕을 불러일으키며 야심차게 상황에 대응하던 의도가 무색하게 될 것이요, 더불어 자신감을 상실하게 될 것이기 때문이다.

그러나 기우였다. 우리의 불안감을 잠재우려는 듯 사람들이 구름처럼 몰려왔다. 직원들은 아파트의 장단점을 정확하게 알렸다. 품평회는 뜨거웠고 분양은 일거에 끝났다. 그렇게 잔여세대를 모두 분양하였을 뿐만 아니라, 풍암지구 안에 있던 1,200평 규모의 대규모 상가단지도 성공적으로 분양하였다.

이것은 놀라운 성과다. 그리고 무엇보다 그 어려운 외환위기 속에서도 우미는 '선전하는 것'을 뛰어넘어 오히려 '도약의 전기'를 마련했다는 점이 고무적이었다.

위기를 넘어 기회를 만들다

외환위기 속에서도 풍암지구의 아파트와 상가를 조기에 분양 완료함으로써 우미는 큰 자신감을 얻을 수 있었다. 특히 분양대금이 들어오고 유동성 위기에서 벗어나면서 다른 사업을 더 확대할 수 있는 동력을 확보할 수 있었다.

이쯤에서 나는 광주지역에서만 성장하는 데는 한계가 있다고 판단했다. 아니, 한계를 느꼈다기보다는 불황을 큰 어려움 없이 극복하면서 얻은 자신감으로 인해 사업을 더 확대해도 되겠다는 생각을 하게 됐는지도 모른다.

어떤 생각이 떠오르면 꼼꼼히 분석하고 곧 행동으로 옮기는 성격대로 나는 광주를 벗어나 다른 지역의 틈새시장을 어떻게 공략할 수 있을지 가능성을 살펴보았다. 여러 가지 정보를 분석한 결과 목포가 떠올랐다. 목포는 잠시 조업을 중단했던 한라조선소가 다시 가동을 재개하였고 외국인 투자자 위주의 대불공단이 생기면서 인구가 늘고 있었다. 주택 공급측면에서도 그동안의 건설경기 악화로 아파트가 새로 지어지지 못해 물량이 부족한 상황이었다. 다시 말해 주택의 수요가 있었고, 이는 곧 아파트가 필요하다는 말이다. 이때 '목포시가 하당2차 택지개발지구의 공동주택지를 매각한다'는 직원들의 보고를 받았다.

목포시가 공영개발 방식으로 개발한 하당2지구는 서해안에 접해 있고 바로 인근으로 전남 도청이 이전하여 목포의 새로운 중심지로 떠오른 곳이다. 국도와 서해안 고속도로에 인접해 있고 향토문화관과 해양박물관, 남농기념관 등 문화시설도 풍부했다. 이런 여러 가지 조건을 분석한 나는 목포의 하당2지구로 진출해야겠다고 결심했다.

내가 목포 하당2지구의 택지매입을 검토하도록 지시하자 회사의 자금부서를 중심으로 조심스럽게 반대의견이 나왔다. 아직 IMF체제에서 완전히 벗어난 것도 아니어서 불확실성이 여전하고, 더욱이 지금은 회사를 안정적으로 운영하여 위험가능성을 피하는 게 좋겠다는 의견이었다. 어찌 보면 실무적 차원에서 당연한 우려요 걱정이다. 불황이 장기화되어 아파트가 예상과 달리 분양되지 못한다면 상황은 또 달라질 것이기 때문이다.

실제로 그 지역, 목포의 건설사들조차 하당2지구의 택지 공개입찰에 쉽게 나서지 못하고 주저했다. 외환위기에 따른 경기위축으로 성공 가능성이 낮다고 보았기 때문일 것이다. 공영개발을 주도했던 목포시는 지역 건설업체가 공개입찰 참여를 꺼리자 사업시행에 대해 우려하였다.

나는 목포 하당2지구의 아파트사업 타당성을 면밀히 검토하였고 그 결과 사업타당성이 충분히 있다고 결론 내렸다. 그리하여 하당2지구 택지매각 입찰에 참여키로 결단했다. 이런 때는 어차피 경영자가 결단할 수밖에 없다. 그것은 실무자의 몫이 아니라 경영자의 책무다. 나는 실무진에게 "만약 하당2지구에서 차질이 생기면 택지매입계약금(30억 원 상당)을 사재로 변상하겠다"고까지 말하며 강한 의지를 표명하였다.

발상전환이 낳은 목포의 행운

목포시는 경기불황으로 지역의 건설업체조차 입찰에 참여하지 않자 어떻게 해서든 많은 건설사를 끌어들이기 위해 고육지책으로 택지내정가를 공개하기로 했다. 이쯤 되면 필사적이라고 할 만했다. 그럼에도 입찰 참여의사를 밝힌 곳은 우미 한 곳뿐이었다.

당시 상황이 어느 정도로 심각했는지를 보여준 것이다. 그 정도로 분위기가 침체되었으며 그 상황에서 사업확대는 위험성이 크다는 것을 의미하는 것이다. 하지만 반대로 생각해보면, 당시 내 자신감이 어땠는지 가늠할 수도 있었을 것이다.

결국 1999년 1월 15일 목포지역은 물론 어느 건설사도 끝내 참여하지 않은 가운데 우리는 내정가에 고작 1만 원을 추가하는 기막힌(?) 조건으로 하당2지구 2필지를 낙찰 받았다. 아마도 많은 건설사들이 우미의 낙찰을 걱정어린 눈으로 지켜봤을 것이다. 어쩌면 '저러다 망하지'라는 생각을 했을지도 모른다.

과감하게 목포의 택지를 낙찰 받고, 또한 유리한 조건으로 H건설이 보유한 하당택지 지구 내 1필지도 추가로 매입하였다. 이렇게 되니 우미는 저렴한 가격과 좋은 조건으로 택지 3필지 2만 5,000여 평을 확보하게 되었다. 목포지역을 공략할 충분한 교두보가 마련된 셈이요, 이것은 분명 위기가 가져다준 행운이었다. 더불어 하당지구 개발을 야심차게 추진했던 목포시 입장에서는 우미가 고마웠을 것이다.

1999년 6월, 드디어 우미는 하당지구에 아파트공사의 첫 삽을 떴다. 그야말로 우미가 크게 도약하느냐 아니면 경영자의 잘못된 판단으로 불황의 위력 앞에 무릎 꿇느냐를 판가름하는 일생일대의 공사가 시작되었다. 나는 최고의 아파트를 구상하였다. 그것이 목포 시민들에게 우미를 깊이 각인시키는 방법이자 목포에 확실히 진출하는 지름길이니까 말이다.

나는 무엇보다도 원래의 지형을 최대한 살려서 자연친화적 단지를 구성하도록 했다. 보통 아파트공사라면 완전히 파헤치고 깔아뭉개는 것을 생각하곤 하는데 그 고정관념을 깼다. 또한 아름다운 경관을 위해 조경에 더 많은 신경을 쓰는 등 최선을 다해 아파트를 지었다. 최선을 다하면 운이 따르는 법이다. 우리의 노력이 통했는지 우미는 목포 하당지구에서 대성공을 거두었다. 더구나 아파트가 준공될 때쯤에는 우리나라도 외환위기의 그늘을 벗어나고 있었다. 시대상황도 우미에게 행운의 손짓을 한 것이다.

목포 하당지구 아파트사업 대성공을 통해 우미의 수익금과 자본금은 크게 늘어났다. 그리고 그것은 결국 2002년 11월에 우미가 수도권으로 진출해 전국을 대상으로 아파트사업을 하게 되는 토대를 마련하게 된다. '목포의 눈물'이라는 국민 애창곡이 있지만 목포는 우미에게 '눈물'이 아닌 도약의 '기쁨'을 준 곳이다. 위기는 역시 기회였던 것이다.

구림마을의 추억

그 당시의 일로 기억에 남는 에피소드가 있다. 하당지구의 택지를 살피러 자주 목포를 오가던 중에 월출산 서쪽에 자리 잡은 영암군 군서면 구림마을을 종종 들르곤 했는데 구림마을의 오솔길이 마음을 사로잡았다. 어느 날 그곳에 있는 백제의 왕인王仁박사 유적지를 지나다가 시상이 떠올라 이렇게 적었다.

오 솔 길

구림의 오솔길 정다운 길
꼬불꼬불 꼬부랑 길 산새 함께 가는 길

옛 고승 다녔던 길 도갑사에 이르는 길
왕인박사 오고 간 길 정취 스며 있는 길

다시 오고 싶은 길
연인과 같이 거닐고 싶은 길

2000년, 구림마을 오솔길에 걸어놓았던 목판.

1999년 3월이었다. 물론 시라고 하기에는 뭣하고 그저 당시의 심경을 읊은 것에 불과했다. 그러나 어려운 시기에 이런 글귀를 통해 스스로 마음의 안정을 찾은 것이 좋아서 일기장에 옮겨 적어놓았다. 그리고 틈날 때마다 글을 다듬어 완성했고, 그 이듬해인 2000년에 왕인박사 유적지로부터 월출산 문산재에 이르는 길목에 시를 나무판에 새겨 걸어놓았다. 외환위기로 어려웠던 시절 마음의 안정을 찾은 것에 대한 기념의 글귀였다.

그런데 오가는 등산객들이 이 시를 보면서 즐겨 애송하는 등 반응이 좋았던 모양이다. 그 사실을 전해들은 당시 농협 영암군

지부의 박석주 지부장이 일부 기관장들에게 그 이야기를 했고, 그 소문을 들은 영암군청에서 시의 내용이 산책로와 잘 어울린다고 생각해 주민들의 의견을 수렴한 뒤 시비詩碑를 세우기로 한 것이다. 세상사란 참으로 묘한 것이다. 그리하여 2004년 9월 14일, 문산재에 이르는 산책로에 높이 1.45m, 폭 0.55m의 시비가 세워졌다. 그 시비에는 나의 이름과 함께 다음과 같은 글도 새겨져 있다. 그저 감사할 뿐이다.

2004년 산책로에 세워진 오솔길 시비.

작가메모

작가는 우리 경제가 가장 어려운 환경에 처했던 IMF체제 시절 사업상의 어려움을 털고 새로운 사업구상을 위하여 月出山을 자주 찾았다. 유서 깊은 鳩林 오솔길에서 時空을 초월하여 先賢들과의 대화를 나누었을 뿐 아니라, 그 느낌을 적은 시를 나무판에 새겨놓아 등반객들에게 山行의 묘미를 더해 주었다. 또한 작가는 正道經營을 원칙으로 삼아 후대에 길이 남을 기업을 이룩하고자 매진하고 있는 鄕土企業家이다. 이에 영암군에서는 작가의 영암에 대한 지극한 사랑이 함축된 이 시를 길이 남기기 위해 군민의 뜻을 모아 이 시비를 건립한다.

- 2004년 8월 영암군수

금융위기 - 그 생사의 기로에서

1997년, 그러니까 20세기의 막판에 불어 닥친 외환위기는 하나의 기회로써 우미가 그런대로 잘 극복했다고 본다. 공격경영을 통해 목포로 진출하며 사세를 확장하는 계기가 됐던 것이다. 그러나 희망찬 21세기에 들어서 또 한 번의 거대한 시련에 직면하게 됐으니 '2008년 글로벌 금융위기'가 바로 그것이다.

2008년의 글로벌 금융위기는 미국 주택대출 시장의 서브프라임모기지 부실사태로부터 비롯되었다. 2007년 4월 미국 서브프라임모기지 부실사태가 발생한 이후 2008년 9월 세계 5대 글로벌투자은행인 리먼브러더스가 부도를 냄으로써 세계적인 금융위기가 촉발된 것이다.

그 파장은 즉각적으로 우리나라를 강타했다. 1900선을 유지하던 코스피 지수는 2008년 10월 24일에 연중 최저치인 938까지 폭락했고, 원/달러 환율은 930원대에서 일순간 1,525원까지 폭등했다.

이러한 심각한 위기상황은 건설업계에 가장 빠르고 광범위하게 영향을 미쳐 우리나라 100대 건설사 중 약 30개 건설사가 법정관리나 워크아웃상태에 놓이게 되었다. 건설업계로서는 그야말로 사느냐 죽느냐의 기로에 놓이게 된 것이다.

절체절명의 위기를 맞다

글로벌 금융위기가 촉발되었던 2008년 9월 당시는 우미가 약 20여 필지에 이르는 역대 최대 규모의 공공택지를 보유한 시기였다. 그 말은 그만큼 대출이 많다는 것을 의미한다. PF대출금의 총한도가 1조 4,000억 원에 이르는 등 그야말로 사업이 부실하면 감당하기 힘든 막대한 대출금을 받아놓은 상태였다.

금융위기가 닥치자 당연히 자금압박에 직면하게 되었고 그로 인해 우미는 창사 이래 최악의 심각한 재정위기 상태에 놓이게 된다. 금융기관들은 기존 대출금에 대한 부실이 급증했으므로 그 손실을 만회하기 위해 대출금 상환을 독려하는 한편, 금리 등의 수수료를 인상하며 전방위적 압박을 가해왔다.

위기였다. 아니 위기라는 말로도 부족한 절체절명의 난국이었다. 과연 이 상황을 어떻게 극복할 것인가. 단순히 한 회사의 문제가 아니라, 세계적인 불황의 위기상황에서 우미는 거센 풍랑 속나룻배 같았다.

잠을 이룰 수가 없었다. 그때는 대표이사직을 이석준에게 넘겨준(2006년) 직후였기에 그가 혼자서 해결할 수 있는 상황이 아니었다. 내가 전면에 나설 수밖에 없었다. 나로서는 모든 것을 다 바쳐 이뤄놓은 공든 탑이 한순간에 무너질 수 있다는 절망감에 휩싸일 수밖에 없었다. 뜬눈으로 밤을 지새우는 일이 반복되었다. 정말이지 이러다가 사업은 고사하고 사람이 망가질 것 같았다. 마음을 달래기 위해 새벽 2~3시에 차를 타고 나와 방황하는 일까지 있었다. 고민이 깊어지면서 당연히 몸도 마음도 쇠약해져갔다. 불안함에 빠진 임직원들은 나만 바라보고 있었을 것이다.

마음공부를 하면서

세상사란 묘해서 상황이 좋아지면 좋은 일이 몰려들지만 상황이 나빠지면 나쁜 일이 몰려들기 마련이다. 회사가 어렵다는 것을 알게 된 협력업체들 사이에선 슬슬 우미와의 거래를 중단하려는 움직임이 나타났다. 납품과 관련된 갈등이 증폭되고 있었다. 난 사업을 하는 동안 '신뢰'를 최고의 덕목으로 삼아 기업을 일궈왔다. 하지만 막상 내가 어려움에 처하자 그들은 그동안의 신의를 버리고 등을 돌리려 했던 것이다. 그런 것이 더욱 나를 힘겹게 했다.

내가 본격적으로 마음공부를 하게 된 것은 바로 그때다. 이미 2005년 모 월간지에 소개된 서울의 한 명상센터를 알고 있었는데 그곳이 떠올랐다. 마음을 다스리지 않고선 사업은 고사하고 몸을 추스를 수조차 없었기에 절박한 심정으로 그곳을 찾기 시작했다.

그것은 참 좋은 선택이었다. 만약 내가 그때 마음을 다스리지 못하고 단지 사업침체를 해결하는 데만 신경 썼다면 우미의 위기는 극복했을지 몰라도 나 자신은 중병에 걸려 쓰러지고 말았을 것이라 생각한다.

마음공부를 통해 얻은 것은 한두 가지가 아니다. '나는 누구인가'를 되돌아보았을 뿐만 아니라, 삶의 가치와 의미도 새롭게 자각하였고, 왜 사업을 하는지도 근본적으로 다시 생각하게 되었다 (자세한 것은 뒤에 나오는 '내 마음 내가 편하게'에서 소개할 것이다).

그동안 내가 모았던 재산과 돈은 '내 것이 아니라 관리하는 것'이라고 생각해왔으나, 마음공부를 하면서 특히 기업의 자산은 크든 작든 잠시 내가 관리하다가 떠나는 것이지 내 것이 아니라는 것을 깊이 깨달았다. 내가 지은 다음의 글을 보면 당시 나의 심경을 짐작할 수 있을 것이다.

겨울 가고 봄이 오니
먹구름 간 데 없어
봄기운이 천지에 이르고

잡다한 번뇌를
일격에 털었더니
영생의 진리가
내 안에 가득하구나

- 깨달음의 길목 (2010년 3월)

그리고 나에게 등을 보이며 서운하게 한 사람들에 대해서도 원망의 마음이 사라지고 '전생에 내가 그들에게 진 빚을 이제 갚는 것'이라며 이해할 수 있는 마음이 생겼다. 그것은 궁극적으로 그들을 위한 것이 아니라 나를 위한 것이었다. 그리고 내가 진정한 장사꾼(기업인)이 되려면 '이익이 나도 팔지 않고 기다릴 줄 알아야' 하고 '손해가 나도 팔아버릴 줄 알아야' 한다고 생각했다.

그렇다. 이 위기를 해결하기 위해 나는 용단을 내렸다. 손해가 나더라도 팔 것은 팔고 포기할 것은 포기하기로 말이다. 무엇보다도 회사가 부도날 경우 돈이 문제가 아니라 임직원들의 생계는 물론 협력업체를 비롯한 모든 거래처의 손실 및 피해가 걱정됐기 때문이었다.

대대적인 구조조정

위기상황을 벗어나려면 대출금과 이자 부담을 줄여야 했다. 그래서 보유하고 있는 택지를 대폭 계약해지하기로 했다. 포기하기로 한 것이다.

주택건설회사로서 어렵사리 확보한 택지를 처분한다는 것은 뼈를 깎는 고통이었다. 그러나 나는 과감하게 결단했다. 제 살을 도려내야 늪에서 빠져나올 수 있기 때문이다. 그리하여 금융위기 당시 약 3년간에 걸쳐 총 11필지 7,000여억 원에 이르는 공동주택부지를 스스로 계약 해지하였다. 그로 인한 손실규모만 500여억 원에 달했으니 그 마음이 오죽했겠는가. 하지만 그를 통해 사업성이 밝은 택지만 보유하게 됨과 동시에 대출금과 이자 부담이 줄어듦으로써 생존을 위한 기초가 서서히 다져질 수 있었다.

최선을 다하면 하늘도 돕는 것인가? 이렇게 택지를 구조조정하는 과정에서 의도치 않게 우미에 큰 도움이 되는 일이 발생하기도 하였다.

그중 하나가 고양시 삼송지구에 있던 공동주택부지(총 매매대금 1,352억 원)다. 이 부지는 2007년 6월에 한국토지주택공사LH와 매매계약을 체결했다. 그런데 인근에 있는 서삼릉이 2009년 6월에 유네스코 세계문화유산으로 등재되어 고층아파트사업이 불가능한 상태가 되었다. 골치 아픈 일이었다.

따라서 우미는 LH에 매매계약 해지통보를 하였고, 그동안 납부했던 택지매입 원금은 물론 그동안의 이자와 위약금까지 지급해 줄 것을 요청했다. 하지만 LH의 입장은 달랐다. 어쩔 수 없이 이 사안은 소송으로 진행되어 결국 이미 납부했던 택지원금은 물론 이자 128억 원과 위약금 108억 원을 수령하게 되었다.

이런 걸 전화위복이라 하는가? 자금난에 처한 우미로서는 예상치 않았던 단비와 같은 자금이 유입되어 위기극복에 큰 도움이 됐으니 말이다.

* * *

또 하나의 사례는 대전 도안신도시에 있는 택지(총 매매대금 1,424억 원)와 관련된 것이다. 이 부지도 역시 한국토지주택공사LH와 매매계약을 체결하였던 곳인데 글로벌 금융위기가 닥쳐 대전의 주택시장이 침체되면서 도저히 아파트사업을 할 수가 없었다.

당시 공동주택부지에 대한 토지중도금대출을 취급하는 은행은 LH와 계약을 해지할 수 있는 별도의 협약을 체결한 후 대출을 실행하는 것이 관행이었다. 때문에 우미는 당연히 이 협약체결이 된 것으로 알고 거래은행에 해당부지에 대해 '기한이익상실' 사유를 조건으로 매매계약해지 신청을 해줄 것을 요청했다.

그런데 이게 웬일인가? 해당 은행에서 어찌된 일인지 대출실행 당시에 LH와 협약체결을 하지 않고 대출을 실행하였음이 밝혀진 것이다. 즉 우미로서는 토지매매계약을 해지할 수 없는 상황에 처한 것이다. 은행의 사무착오로 빚어진 난감한 상황이었다.

우미는 여러 가지 방법과 경로를 통해 계약해지를 LH에 끈질기게 요청하였으나 재정악화에 시달리는 LH 입장에서는 계약해지가 불가하다고 했다. 결국 계약을 해지할 수 없게 되어 울며 겨자 먹기로 그 택지에 아파트사업을 추진할 수밖에 없었다.

그런데 그때쯤 글로벌 금융위기로 급격한 침체상태에 빠졌던 지방 주택시장이 서서히 회복의 징후를 보이기 시작했다. 그래서 우미는 2011년 10월, 대전 도안신도시의 그 택지에 개별사업장으로는 우미의 역사상 가장 많은 1,691세대의 대규모 아파트분양에 나섰다. 생사를 건 일생일대의 사업이었다. 만약 이 사업이 실패하면 우미는 쓰러질 수밖에 없는 절체절명의 사업이었다.

그런 만큼 더욱 더 철저한 시장분석과 치밀한 마케팅전략을 바탕으로 살얼음 밟듯 조심스럽고 주도면밀하게 추진하였다. 그리고 그것이 행운으로 연결되었다. 분양을 하자마자 초기 한 달 만에 계약이 100% 완료되는 대성공을 거두었다. 자금압박의 늪을 빠져나오는 중대한 계기를 맞았던 것이다. 그야말로 미운오리 새끼가 아름다운 백조가 되어 돌아온 격이다.

이렇게 우미에 짙게 드리웠던 금융위기 태풍이 서서히 걷히고 있었다. 위기의 늪에서 한 발씩 빠져나오고 있었던 것이다. 그 이후 주택경기가 침체를 벗어나며 지방현장을 중심으로 아파트분양사업이 연이어 성공을 거두었다. 전주 혁신도시, 구미 옥계2차, 원주 무실지구, 청주 금천동, 나주 혁신도시, 대구 테크노폴리스, 경산 신대부적지구, 강릉 유천지구, 평택 소사벌지구, 구미 확장단지, 천안 불당 등등 10여 개의 지방에서 벌였던 아파트분양사업이 순조롭게 진행되었다. 그 결과 2014년 가을쯤 우미는 지난 5~6년 동안 겪어야 했던 피눈물 나는 인고의 세월에서 벗어날 수 있었다.

어찌 보면 이석준 사장으로서는 제대로 된 경영수업을 한 단계 더 받은 셈이라 할 수 있을 것이다. 시련을 극복하는 과정에서 이석준 사장이 보여준 경영능력은 나로 하여금 안도의 한숨을 쉬게 할 수 있었다.

어느 날 자금담당 책임자인 장동석 전무가 내게 와서 보고했다.

"회장님, 이제 자금에 대한 걱정은 안 하셔도 될 것 같습니다."

순간 나도 모르게 눈물이 흘러내렸다. 그 동안에 겪었던 모든 고통을 씻어 내리듯이….

훗날 알았지만 장동석은 아내와 함께 매일 새벽에는 교회에서, 휴일에는 사무실에 와서까지 회사의 위기를 극복하게 해달라고 기도했다고 한다. 어찌 장동석뿐이랴. 당시 우미의 모든 임직원들이 허리띠를 졸라매며 위기극복을 간절히 염원했기에 그렇게 생사의 기로에서 회생했다고 믿는다.

나는 마음을 짓는다

오늘날 거대한 규모의 종합건설회사는 아니지만 주택분야에서 알찬 중견기업으로 성장하게 된 우미에는 나의 신념과 의지, 그리고 경험이 그대로 녹아 있다고 생각한다. 앞선 이야기에서 보았듯 창업초기의 기업은 창업자의 모든 것이 함축된 결과물이기 때문이다. 수많은 사람들의 도움, 그리고 성실한 우미 임직원의 노고가 어우러져 오늘의 우미를 만들어냈지만 초창기의 창업과정은 나 혼자서 이리 뛰고 저리 뛰며 일궈낸 것이라 해도 과언이 아닐 것이다.

처음부터 어떤 치밀한 계산 하에 경영방침을 만들고 운영 시스템을 갖춰 기업을 한 것은 아니지만, 그럼에도 나름의 원칙을 갖고 경영을 한 것은 틀림없다. 그냥 생각나는 대로, 그때그때 임시방편으로 경영을 하여 오늘에 이를 수는 없는 것이다.

나는 경영학을 공부한 경영학자가 아니기에 이론은 잘 모른다. 그러나 '현장에서의 치열한 현업을 통해 경영 방법과 이론을 스스로 만들어 실천해내는 사람'이라는 신념과 자부심으로 회사를 이끌어왔다.

돌아보면 우미의 경영과 발전과정에는 알게 모르게 어떤 흐름이 분명히 있음을 감지할 수 있다. 직원 2명으로 출발한 지방의 작은 건설회사가 오늘의 모습에 이른 게 결코 저절로 이뤄진 것은 아니다. 운만으로 그렇게 된 것도 아니다. 그럼 어떤 생각과 신념으로 기업을 운영해왔는지, 우미의 창립정신과 경영 원칙은 어떤 것인지 이야기를 풀어보겠다.

나는 '집장수'가 아니다

우미의 창립정신 즉 경영이념을 알려면 역시 창업자인 나의 정신 또는 생각이 어떤 것인지를 알면 될 것이다. 1986년 4월, 지방도시였던 전남 광주에서 극히 소규모의 기업으로 출발한 우미. 한국기업 거의 모두가 그렇듯 기업의 경영이념 또는 창립정신에는 창업자 1인의 역량과 신념이 그대로 반영된다. 오늘날의 사정과는 많이 다르다.

이미 여러 번 밝혔듯이 우미를 창업한 나의 목표는 '최고의 건설회사가 되는 것'이었다. 제대로 된 회사, 사회에 기여하는 회사를 만들겠다는 것이 나의 초심이다.

내가 만약 돈만을 벌어보겠다며 한탕으로 큰 부자가 되는 것을 목표로 삼았다면 이렇게 기업을 일구지는 못했을 것이다. 차라리 부동산투기에 몰입하고 부를 일궈 편안한 노후를 보내는 게 더 나았을지도 모른다. 당시에는 부동산을 통한 '재테크'가 큰 이윤을 남기는 가장 대표적인 사업이었기에 돈벌이만을 목적으로 했다면 얼마든지 쉽고 편한 방법을 택할 수 있었을 것이다.

그런 면에서 나는 기업을 일군 모든 이들이 존경받아 마땅하다고 생각한다. 창업 이후에 다른 길로 빠져 기업이 망하거나 또는 개인적으로 불행하게 된 사람도 많지만, 적어도 창업자의 초심만은 순수하다고 보기 때문이다. 단순히 돈을 벌기만을 원했다면 위험부담이 크고 때로는 가시밭길을 걸어야 하는 창업에 도전하지 않을 것이기 때문이다.

나는 이른바 집장사를 하는 '집장수'가 아니다. 감동을 줄 수 있는 좋은 집을 만들어 고객들이 두고두고 우미를 칭송하게 하는 것이 꿈이다.

'건축은 좋은 설계, 정품의 자재, 정성을 담은 시공으로 최우량 건물을 짓고 원가를 최대한 절감하여 경쟁관계에 있는 다른 업체보다 저렴하게 공급하는 것을 목표로 해야 한다'는 것이 창업 때의 마음가짐이다. 그리고 30여 년이 지난 오늘날까지도 변함없는 신념이며 회사운영의 원칙이다.

나는 초창기부터 집장사를 하여 고객을 속이고 많은 이윤만 남기려 하는 건축사업자들을 지켜보면서 느끼는 바가 많았다. 당시 주택업자들 중에는 소비자인 건물 입주자들을 배려하기보다는, 어떻게 해서든 이윤을 많이 남기려고 짧은 기간 안에 날림으로 건물을 짓는 경우가 적지 않았다. 공사기간을 줄이는 것은 사업자의 독창적인 지식이나 기술에 속할지 모르지만, 날림으로 공사를 하는 것은 부도덕한 일이다. 그것은 직접적으로 피해가 뒤따르는 문제이기 때문에 해서는 결코 안 되는 일이다. 그것이야말로 기업의 수명을 단축하고 파산에 이르는 지름길임에도 많은 이들이 '한탕'에 사로잡혀 그런 일을 종종 하는 것이다.

내가 초창기에 전문분야가 아니면서도 세대평면설계를 배우고 건축을 공부한 것은 경영자의 수준이 공사의 수준, 더 나아가 주택의 수준과 직결된다고 믿었기 때문이다. 사원이 몇 명밖에 되지 않는 초창기 소기업에서 사원들을 믿고 그들에게 일을 맡기는 것도 중요하지만, 경영자가 어떤 원칙하에 어떻게 일하고 어떻게 건물을 짓는지 보여주는 것이 더 중요하다고 생각했다. 그래서 나는 설계에서부터 완공에 이르는 전 과정에 참여했고 그 과정에 나의 신념과 철학이 반영되도록 최선을 다했다. 계획을 세울 때부터 꼼꼼하고 철저히, 그리고 완벽하게 세우려 했으며 그 계획이 공사과정에서 한 치의 착오도 없이 이행되도록 했다.

그러한 나의 신념과 원칙은 그대로 우미에 녹아들었으며 그것이 우미의 문화가 되고 풍토가 되고 경영이념이 되었다고 확신한다. 그런 면에서 창업자가 어떤 정신, 어떤 가치관, 어떤 신념, 어떤 철학을 가지고 있느냐는 것은 기업이 어떤 기업이 될 것인지를 가름하는 결정적 조건이라 할 수 있다. 그것이 기업의 가치는 물론이요 기업의 수명과도 관계가 있음은 당연하다.

특명! 최고의 아파트를 지어라

나는 "건축은 종합예술 작품이다. 신사는 발끝에서 머리까지 말쑥해야 한다. 건축도 마찬가지다. 건물배치, 조경, 설계, 시공, 공법, 색상, 자재 등 모든 게 완벽해야 좋은 평가를 받을 수 있다"고 늘 강조한다. 나는 앞에서 강조했듯 단순한 집장수가 아니다. 최고의 아파트, 살수록 정이 드는 집을 짓는다. 사람들의 마음을 사로잡는 집을 짓는다. "우미는 집을 짓지 않습니다. 마음을 짓습니다"라는 슬로건이 나온 것도 그래서다. 그저 멋진 표현을 하려고 그렇게 말하는 것이 아니다.

'마음을 짓는다는 것'은 최선을 다한 다는 것이요, 무엇보다도 정성을 들인다는 것이다. 머리로, 꾀로, 지식으로 건물을 짓는 게 아니라 따뜻한 마음, 소비자를 배려하는 마음, 고객의 마음을 사려는 마음, 그리고 무엇보다 나 스스로를 감동시킬 수 있는 흡족한 마음으로 건축에 임한다는 것을 의미한다. 그러면 자연스럽게 최고의 주택이 될 것이라는 믿음에서 말이다.

최고의 아파트를 짓겠다는 나의 집념과 꿈은 시공하는 건설기술자들에게 전달되고 그것이 실행에 옮겨질 때 가치가 있다. 오늘날 건설업계에서는 "기술자와 경영자 사이의 대화가 단절되어 있다"는 비판이 있다. 그러니 경영자가 아무리 좋은 뜻을 갖고 있어도 소통부재 때문에 그것이 상품으로 실현되지 못 하는 것이다. 또한 경영자와 기술자가 소통이 안 되다 보니 "건설업 고유의 특성과 기술적 조건의 적절한 반영 없이 결정된 재원과 공기로 무리하게 공사를 추진하는 과정에서 심각한 부작용이 발생한다"는 비판이 나오는 것이다.

나는 최고의 아파트를 짓기 위해 아파트의 세대평면설계를 직접 할 정도로 건축공정에 깊숙이 참여한다. 그렇다고 그것이 독선으로 흐르지는 않는다. 현장에서 건설기술자들과 머리를 맞대고 허심탄회하게 논의하는 과정을 반드시 거치는 것이다.

내가 최고의 아파트를 짓는다고 해서 가장 비싼 아파트, 가장 고급의 아파트를 짓는다는 의미는 아니다. 나는 누구나 쉽게 구입할 수 있으면서도 가장 흡족한 아파트를 지향한다. 즉 "건축원가는 최대한 절감하되 경제성 있는 양질의 건축물을 생산한다"는 원칙으로 집을 짓는다. 요즘 '가성비'라는 말을 자주 듣는다. 가성비란 가격 대비 성능비를 말한다. 즉 가성비가 높으면 가격에 비하여 성능이 그만큼 좋다는 것인데, 고가의 아파트가 과연 가격 대비 그만한 성능을 갖췄는지에 대해선 회의적이다. 무엇보다 고가의 주택은 누구나 쉽게 구매할 수 없을 것이니 나의 사업 신념과 거리가 있다.

나는 합리적인 가격, 합리적인 이윤을 추구한다. 아파트 소비자와 우미가 함께 발전하고 행복하기를 원한다. 시류에 영합하거나 일시적인 분위기를 틈타 가격을 올리면 잠시 경영에 도움이 될 순 있겠지만 곧 소비자들로부터 외면 받기 십상이다. 또 원가를 너무 낮추면 건축자재 등을 싼 것으로 사용하는 등 주택 품질이 낮아지는 부작용이 뒤따를 수밖에 없다. 그래서 이 양자 사이에서 적정선을 선택해야 한다. 나는 이점에서 최고수준을 지향하기 위해 심혈을 기울인다.

우미의 아파트에서 살아본 사람들이 크게 만족하는 것은 '가장 합리적인 가격에 집으로서의 만족도가 최고로 높다'는 것을 의미한다.

* * *

나는 시공팀에게 항상 '3정'을 충족할 것을 끊임없이 강조했다. 그것은 바로 '정품, 정량, 정법'이다. 당연한 상식이 아니냐고 말할 수도 있지만, 건축에서 이런 상식이 제대로 이행되지 않는 경우가 적지 않다. 예컨대 시멘트 속으로 묻혀버린 건축자재는 그것을 깨보기 전에는 어떤 자재를 사용했는지 알 수가 없다. 그러기에 자칫 나쁜 유혹에 빠질 수가 있다.

똑같은 건축의 고수들이 집을 짓는데도 어느 업체의 집이 비정상적으로 저렴하다면 분명히 이유가 있다. 부실한 자재를 사용할 경우, 철근 1톤을 생각하면 그것에서 남는 이윤이 크지 않을 수 있지만 몇천 톤씩 들어가는 대단지 아파트공사라는 점을 고려하면 그 차액이 어마어마하게 커진다. 레미콘도 저질 레미콘을 계약한다면 이 역시 차액이 엄청나며, 기술이 좋고 일을 잘하는 A급 인부를 쓰는 것과 엉터리 노동으로 때우는 C급 인부를 쓰는 것 역시 차액이 크게 발생한다.

이러한 유혹을 뿌리치지 못하면 결국 날림공사가 되는 것인데, 나는 이 부분에서는 정말이지 자신한다. 가장 좋은 아파트를 짓겠다는 신념, 건물을 짓는 것이 아니라 마음을 짓는다는 철학이 있기 때문이다.

아파트에 기념비가 서다

내가 꿈꾸는 아파트는 최고의 아파트, 가장 살기 좋은 아파트이다. 우미 창립의 이념도 거기에 있으며 우미의 꿈과 나의 꿈도 그것이다. 우미 35년의 역사는 바로 최고의 집, 가장 살기 좋은 집을 만들기 위한 몸부림이요 힘찬 행진이었다 해도 과언이 아니다.

그러한 나의 꿈이 어떻게 현실화되고 있는지는 내가 스스로 밝히는 이야기에서도 알 수 있겠지만, 우미의 아파트를 두고 벌어진 여러 에피소드에서도 알 수 있다. 어쩌면 후자의 그것이 더 객관적인 것일 것이다.

* * *

2009년 5월 31일, 사람들의 이목을 끌 만한 이례적인 일이 발생했다. 당시 풍경을 여러 언론이 보도했다. 경기도 동탄 신도시에 우리가 건설한 '우미린·제일풍경채'에 관한 보도였다. 아파트 입주자들이 주거생활에 만족해 아파트공사를 했던 시공업체에 감사의 뜻을 전하는 기념비를 세웠다는 것이다(〈아시아 경제〉 2009년 5월 31일, 〈한국경제〉 2009년 6월 1일 기사).

잘 알다시피 아파트가 준공되고 주민들이 입주하고 나면 아파트 시공업체와 입주자 간에 시비가 벌어지는 경우가 많다. 워낙 대형공사요, 많은 세대가 입주하기 때문에 어디선가 하자가 발생하게 된다. 뿐만 아니라 입주자들의 취향이 다양해서 만족하는 사람이 있는가 하면, 괜한 트집이라 할 정도로 불만을 토로하는 사람도 생기기 마련이다. 때로는 간단한 불평불만을 넘어 격렬한 항의를 받거나 집단 시위사태를 맞기도 한다. 설령 아파트 품질이 소비자들의 마음에 든다 하더라도 감사패를 수여하는 경우가 간혹 있을 정도다. 그런데 입주자들이 좋은 아파트를 지어줘서 고맙다며 단지 내에 기념비를 세우겠다고 하니 기사거리가 되고도 남았던 것이다.

그날 아파트입주자를 대표하여 입주자협의회장은 "지난해에

감사비 제막식 당시 이석준 사장(좌)과 입주자 대표(우).

입주하면서 감사패 전달과 함께 기념비를 세우려 했지만 우미건설 이광래 회장께서 '1년 정도 생활을 해보고 나서 정말 좋은 아파트란 판단이 들어 기념비를 세울 만하다고 느끼면 그때 세워도 늦지 않다'고 만류했었다"라면서 "입주한 지 8개월이 지난 지금, 입주자들의 자부심이 날로 커지고 있어 감사의 기념비를 세우게 되었다"고 기념비를 세우게 된 사정을 밝혔다.

정말 그랬다. 입주 당시에 이미 입주자대표들이 기념비를 세우겠다고 했었다. 그때 내가 그들에게 한 말이 "1년 정도 살아보고 생각해보시라"는 것이었다. 그만큼 나의 상품, 나의 신념과 노력에 자신이 있었던 것이다. 그리고 살아보면서 그들이 아파트의 진가를 절감했기에 결국 기념비를 세웠을 것이다.

동탄 신도시의 '우미린·제일풍경채'는 빼어난 단지조경과 독특한 주출입구의 문주(문의 기둥)로 입소문이 퍼져 인근 주변 단지의 입주자뿐만 아니라 건설업계, 심지어 관련 학계에서도 방문하여 살펴볼 정도였다. 주출입구의 문주는 한국디자인진흥원으로부터 '2008년 굿디자인'으로 선정된 '작품'이기도 하다.

이 아파트단지는 조경면적비율이 무려 53%나 되어 공원 같은 단지를 자랑한다. 단지면적의 절반 이상에 조경이 되어 있다는 이야기다. 그 넓은 면적에 총 40종의 교목 7,996주, 17종의 관목 15만 7,557주, 62종의 초화 15만 500본이 심어져 마치 수목원을 연상케 한다. 특히 산책로를 따라서 들풀을 심어 자연적 친근감을 더해주도록 배려하였다. 또한 100여 주 정도 심어진 소나무 중 수령이 50년 이상 된 나무가 70%에 이르러 어느 정도 세월이 지난 것 같은 품격을 더해준다.

이렇듯 탁월한 환경이 그냥 되는 것은 당연히 아니다. 의지나 생각으로 조경이 되는 것은 아니지 않은가. 그를 위해 단지 내 조경공사 비용만으로 100억 원 정도를 투입했다. 돈뿐만 아니라 그 이상으로 심혈을 기울여 아파트를 지었기에 그 명품의 진가를 주민들이 알아준 것이다.

現前面目
현재의 조건과 상황을 개선해 미래를 새롭게 하는 지혜
우미린 & 제일풍경채는 동탄신도시의 랜드마크로서
우리나라에서 가장 살기 좋은 아파트입니다.
단지배치, 조경, 시설물, 외부디자인 등
단지 곳곳에 묻어나는 정성과 아름다운 조화는
사는 이의 자부심입니다.
집이 아닌 마음을 짓겠다는 고객과의 약속!
나무 한 그루 풀 한 포기에도 혼과 열정을 담아
작품으로 탄생시켜준
우미건설 및 제일건설 임직원께 진심으로 감사드립니다.
이에 우리 1316 가구 입주민은
혼과 열정으로 매 공정마다 보살핌을 아끼시지 않은
이광래 회장님의 업적을 기억하고자
감사의 뜻을 담은 기념비를 세웁니다.
2009년 5월
우미린 & 제일풍경채 입주민 일동

기념비의 이름은 '현전면목現前面目'으로 했는데 입주민들의 권유에 따라 내가 정한 것이다. 이것은 불교의 법문에 가끔 등장하는 것으로 현재의 조건이나 상황이 마땅치 않고 불만스러울수록 그 조건과 상황을 개선하고 극복하려는 의지와 지혜를 갖자는 뜻에서 정했다.

아파트 기념비치고는 매우 철학적(?)이라 할 수 있는데, 기념비의 내용이 곧 나의 집념과 꿈과 의지의 표현으로 손색없다 할 것이다.

'살기 좋은 아파트' 대상大賞

결국 이 아파트는 그해에 〈매일경제〉 선정 '제13회 살기 좋은 아파트상' 대상을 차지했다. 그때 〈매일경제〉와 인터뷰할 때 내가 했던 말을 소개한다.

"이 보소, 사실을 제대로 쓰고 평가하는 것이 신문의 역할 아닌가. 우미건설이 짓는 아파트도 있는 그대로 봐 달라는 것이지, 억지로 칭찬해 달라는 말은 하지 않아. 다만 중개업소에서 우미 아파트는 웃돈이 더 붙는다는 말이 돌고, 입주자들도 만족하고, 내게 고맙다는 이메일을 보내는 것을 보면 알 수 있지. 사실 이번에 매일경제신문에서 살기 좋은 아파트 대상을 받은 동탄 아파트는 내 개인적인 만족도로 따지면 70% 정도야. 앞으로 나오는 김포 한강, 영종도, 양주 고읍 단지를 보면 우미건설이 최고 아파트를 짓고 있다는 말을 절로 할 것이야."

- 〈매일경제〉 2009년 8월 30일
'대형업체 제치고 살기 좋은 아파트 大賞 받은 이광래 우미건설 회장' 중

나는 내 집을 짓듯 아파트를 만든다. 아니 그보다 더 정성을 쏟는다. 뿐만 아니라 사람들이 선호하는 집이 어떻게 변하는지 트렌드를 예의주시한다. 예전에는 입주자들이 아파트를 선택하는 기준으로 가구 설계와 인테리어 등 내부적 요인이 강조되었다. 하지만 날이 갈수록 그 부분이 비슷해지고 차별화가 안 되자 이제는 조경과 조망권, 단지구성과 편의시설, 건물 외형, 경관 조명과 같은 외부 디자인에 더 관심을 갖게 되었다. 난 이를 재빨리 간파해 그대로 아파트에 적용했다. 따라서 그 부분에서 우미건설이 짓는 '우미린'을 따를 업체가 거의 없다는 자부심을 갖고 있는 것이다.

"평면구성부터 단지설계, 조경까지 주택에 대한 모든 것을 아는 최고경영자는 드물 거야. 30년 이상 주택건설사업을 하면서 '몰입과 집중'을 했거든. 그래서 모든 과정과 내용을 알게 된 것이지. 이런 경험과 노하우가 '우미린'에 스며 있어."

역시 그 인터뷰에서 내가 한 말이다.

그렇다. 나는 집을 짓지 않고 마음을 짓는다. 기술로 집을 짓는 게 아니라 마음으로 최고의 집을 짓는다. 그 마음을 소비자들이 알아주니 정말 고맙다.

일류기업을 배우되 그들을 능가하자

창업초기, 회사가 기반을 다질 때, 그리고 비약적인 발전을 거듭하는 동안 나에게는 하나의 목표가 있었다. 아니 지금도 그 목표가 가슴에 가득하다. '일류기업을 배우고 그것을 능가하자'는 것이다.

크지 않은 기업의 CEO로서 경영을 위해 대규모 자문그룹을 둘 수도 없는 일이다. 물론 그렇게 할 수도 있지만 자칫하면 '허세'로 보일 수도 있다. 그러기에 임원들과 수시로 의견을 나누지만 결국 혼자서 외롭게 생각하고 고독한 결정을 해야 할 때가 많았다. 그러나 혼자서 하는 결정이라도 정말 독불장군처럼 하는 것은 아니다. 다른 기업의 사례나 경험을 배우고 때로는 반면교사로 삼으며 때로는 경영전문가들의 고견을 듣고 나의 경영방침을 정해 전략을 다듬는 경우가 많다.

모범기업을 벤치마킹하며

다행히 우리나라에는 몇몇 모범이 되는 기업이 있기에 그들을 벤치마킹하여 배울 수가 있다. 잘 알다시피 누가 뭐래도 당시 우리나라 최고의 기업은 삼성, 현대, 대우였고 아파트라면 삼성과 현대였다. 또한 투명경영과 정도경영 쪽으론 유한양행이 있었다.

나는 그들 기업의 장점을 늘 머릿속에 넣어두고 어떤 판단을 하고자 할 때 떠올려 참고했다. 특히 삼성에 대해서는 직원 조회나 간부 주간 간담회 때마다 누누이 강조하면서 "그들을 배워 일류가 되자"고 독려했고, "적어도 아파트부문에서는 그들을 능가해 최고가 되자"고 강조하였다.

내가 일류기업들을 벤치마킹하려고 한 것은 한때 잘 나가던 기업들이 중간에 주저앉는 것을 보아왔기 때문이다. 1980~1990년대 주택건설전문회사로 유명했던 W와 C회사가 그랬다. 그 회사들은 전국적으로 사업을 확장하며 대표적인 주택건설회사의 자리를 차지했으나 1,000억 원대 규모의 외형에서 주저앉았다. 회사의 규모가 커졌는데도 그에 맞는 경영을 하지 않고 시대의 흐름에 제대로 적응하지 못했기 때문이라 생각한다. 그런 것을 보면서 회사 규모에 맞는 경영시스템을 갖추고 급변하는 환경에 능동적으로 대응하지 않으면 우미도 같은 전철을 밟을지 모른다는 걱정 때문에 일류기업, 특히 삼성의 장점을 따라하려 했던 것이다.

삼성에서 배우려고 했던 몇 가지를 소개한다. 첫째는 최고의 아파트를 짓겠다는 것이다. 삼성의 '래미안'을 배우자. 아니 이기자! 내 마음속에는 한시도 이 생각이 떠난 적이 없다. 일단 세계적인 목표는 아닐지라도 삼성에 버금가거나 능가한다면 우리나라 최고의 아파트를 고객에게 제공하는 회사가 될 것이기 때문이다. 그것이야말로 우미의 꿈, 나의 꿈을 이루는 매우 현실적인 방법일 것이다.

둘째로 그들의 품격 있는 기업문화였다. 건설회사에서 일하는 사람을 일본말로 '노가다'라고 하지 않는가. 노가다란 단어를 두고 '행동과 성질이 거칠고 불량한 사람을 속되게 이르는 말'이라고 사전에 풀이가 돼 있을 만큼, 건설현장에서 거친 일을 하다 보면 자신도 모르는 사이에 말과 행동이 거칠어질 수 있다. 그렇게 되면 기업문화 역시 정교하지 못하고 거칠게 될 것이며 결국 품격도 갖출 수 없게 된다. 우미는 오히려 그런 면에서 삼성을 앞지르기 쉬울 거라고 봤다. 회사의 규모가 크지 않기 때문에 우리가 작심하고 도전한다면 얼마든지 좋은 문화를 만들 수 있기 때문이다.

셋째는 인재육성에 관한 것이다. '인재제일'을 표방하는 삼성의 인재우대 정책은 누구나 다 아는 사실이다. 인재가 중요한 것은 말할 것도 없다. 기업이 지속가능한 성장을 하려면 궁극적으로 우수한 인재가 있어야 한다. 기업은 결국 사람이요, 사람의 수준에 따라 기업의 수준이 달라질 것은 뻔한 이치다.

더구나 우리나라는 대기업이 아니면 취업을 기피하려는 현상이 실재한다. 따라서 나는 일류인재를 뽑을 수는 없더라도 우미에서 일하는 사람들을 일류인재로 육성해야겠다고 생각했다. 사원들이 역량을 힘껏 발휘할 수 있는 환경을 만들어줘 좋은 인재가 계속 배출될 수 있도록 하자는 것이다.

세간에는 다른 기업에서 사람을 뽑을 때 삼성 출신을 선호한다고 알려져 있다. 그것은 그곳에서 일류 인재로 육성됐음을 믿기 때문일 것이다. 나는 우미에서도 인재육성 경영을 함으로써 훗날 "우미 출신이라면 모셔오자"는 말이 나오게 하겠다고 결심하였다.

대기업 출신 인재의 영입

내가 삼성을 비롯한 좋은 기업의 사례를 벤치마킹하겠다고 아무리 결심하면 뭐하겠는가. 누군가 나의 뜻을 받아 그것을 실행하는 일이 더 중요할 것이다. 그래서 경영과 인사는 삼성을, 공사관리는 현대를, 마케팅은 대우를 모델로 정하고 효율적인 경영시스템을 만들기 위해 애썼다. 그래서 그곳에서 훈련받은 사람이 필요하다는 판단 하에 2005년부터 대기업 출신 인사들을 모셔와 수혈하기 시작했다.

삼성그룹 사장(고문)단 출신으로 배병관, 최낙민, 윤태영 씨를 영입해 경영자문을 받았고, 실무형 인재로는 최하범(토목), 김재옥(건축), 엄만용(주택공사), 류건하(주택영업) 씨를 영입하여 해당분야의 혁신을 꾀하였다. 그밖에도 이호재(인사), 김진(토목), 서장원(건축영업), 권상형(개발영업) 씨 등이 삼성 출신의 임원들이다.

또한 현대 출신의 인사로는 백동명(토목), 노무섭(건축, 해외영업), 최영택(상품개발), 김형수(주택공사), 최신(설계) 씨를 고문 및 중역으로 영입하였고, 실무진으로는 홍현식(재건축), 박창래(토목), 박영기(개발영업) 씨 등을 임원으로 영입하였다.

또 대우그룹 출신으로는 박수종 씨를 중역으로, 박재용(개발사업) 씨를 임원으로 영입했다. 그밖에도 대림, 경남기업, GS, 금호산업 등 대기업 출신을 영입했다.

물론 일류기업 또는 대기업 출신이라고 해서 모두 기대했던 성과를 나타낸 것은 아니다. 그들이 일했던 곳과 우미는 기업문화 등 여건과 환경이 달랐기에 기량을 맘껏 발휘하지 못한 점도 있었을 것이다. 그럼에도 불구하고 그들이 우미를 한 단계 끌어올리는 데 큰 기여를 했음은 물론이다. 오늘의 우미를 만든 밑거름이 됐음을 부인할 수 없다.

앞으로도 우미 내부의 인재양성에 노력하는 한편 기회가 있을 때마다 일류기업에서 인재영입을 계속하려고 한다. 우리가 주택분야만큼은 삼성을 능가하는 일류기업이 될 때까지 말이다. 외부 인재 영입은 내부 임직원들에게도 자극이 되어 인재육성에 도움이 될 것이다. 그렇다고 해서 무조건적인 인재영입은 하지 않을 것이며 일류기업에 대한 모방이나 벤치마킹 역시 엄격히 선별할 것은 당연하다.

우미 특유의 조직문화

그들의 장점을 배우는 한편, 그들이 안고 있는 문제와 단점은 반면교사 삼아 우리 회사에 조화롭게 적용함으로써 우미 특유의 문화, 우미 특유의 경영체계를 만들고자 했다.

이러한 나의 노력은 상당한 효과를 나타내고 있다. 회사가 크냐 작냐, 경영 성과가 좋냐 나쁘냐를 떠나 회사의 임직원들이 어떤 자세로 직장생활을 하는지 보면 그 기업의 수준을 가늠해볼 수 있다. 나의 노력이 효과를 보고 있다는 증거를 나타내는 작은 사례가 있다.

광주에서 사업을 할 때 나와 우리 임직원들이 가끔 이용하는 식당이 있었다. 어느 날 그 식당의 사장이 나에게 이렇게 말했다.

"많은 기업체의 직원들이 저희 식당을 이용하는데 유심히 살펴보니 삼성전자 직원들과 우미 직원들의 회식하는 자세가 가장 흐트러짐 없이 질서정연하고 좋았습니다."

실제로 삼성전자의 고위간부가 우미 직원들의 회식하는 모습을 보고서 감탄했다는 이야기도 들은 적이 있다. 하나를 보면 열을 알 수 있다고, 회식자리란 술을 마시는 자리이기에 적나라한 모습이 드러날 수 있다. 그 회식에서 임직원들이 어떤 모습을 보이느냐는 매우 의미 있는 것이다.

우미의 경영원칙

우미의 창립정신을 미루어 짐작하려면 사훈을 보면 될 것이다. 경영원칙의 밑바탕 역시 사훈이다. 앞에서 언급한 대로 처음에 내건 사훈은 '나를 생각하기 전에 우리를 생각하자'는 것이었다. 그 사훈을 1991년에 **'적극적 사고, 능동적 패기, 꾸준한 노력'**으로 바꾸었다. 초창기 신생 기업이 대개 그렇듯이(요즘은 많이 다르지만) 사훈은 곧 기업을 만든 사람의 신념이고 가치체계를 보여주는 것이다. 홍보전문가나 광고전문가가 오늘날의 시각에서 보면 어설프고 촌스럽게 느껴질지 모르나 나로서는 나름대로의 꿈과 신념을 담은 사훈이었다.

사훈이든 경영의 원칙이든 그것은 '회사를 그렇게 이끌어가겠다'는 의미임과 동시에 '나 자신을 그렇게 경영하겠다'는 메시지이기도 하다. 뿐만 아니라, 사훈이나 경영의 원칙은 경영학 이론에서 도출되는 것이 아니라 현장의 치열한 체험을 통하여 얻어진, '그렇게 경영해야만 지속가능한 기업으로 발전하겠다'는 경험론적 결론이기도 하다.

'사훈'에서 보는 창립정신

'적극적 사고'를 전면에 내건 것은 전 사원이 모든 일과 사업에 대해 주인의식을 갖고 책임감 있게 해야 함을 강조한 것이다. 이 회사가 나의 것이라는 주인의식을 갖고 적극적으로 일할 때 창의성이 발현되는 것이다. 특히 현실에 안주하지 말고 끊임없이 변하자는 뜻에서 적극적 사고를 강조했다. 기업이 성장하려면 핵심 경쟁력을 유지하면서 시대와 환경의 변화에 적응·선도해야 하는데, 그것은 바로 적극적인 사고에서 나옴을 믿기 때문이다.

"우리는 새로운 것 앞에서 머뭇거리곤 합니다. 하지만 변화를 두려워할 때 우리는 낡아가기 시작합니다. 기업의 성장이란 핵심을 보존하면서도 발전적 변화를 모색하는 적극적인 사고에서 출발합니다. 우미는 성장의 씨앗인 '깊이 생각하는 자세'를 소중히 여깁니다." 내가 직원들에게 적극적 사고를 강조하며 수시로 하던 말이다.

두 번째로 내건 **'능동적 패기'**는 '할 수 있다'는 자신감을 말한다. 세상의 어떤 일이든 자신감이 없다면 실패로 끝나기 쉽다. 그런데 그 자신감은 개인적인 능력에 국한된 것이 아니다. 능력이 있기 때문에 자신감이 생기는 것이 아니라, 자신감이 있기 때문에 능력이 생긴다고 봐야 한다. 능동적 패기는 어떤 일이 있더라도 목표한 것을 기필코 이뤄내겠다는 집단의 힘찬 도전정신과 기백이다.

"성장하는 조직은 그 구성원들이 뿜어내는 역동적인 에너지로 가득합니다. 능동적 패기란 꿈을 향한 구성원들의 소망과 의지가 실패에 대한 두려움을 압도하는 것입니다. 고객 만족은 물론 국가와 사회 발전을 위해 행동하는 자세로 어떠한 일이라도 이루어내는 힘찬 기백, 바로 그것이 우미의 패기입니다." 능동적 패기를 강조하며 내가 하던 말이다.

'꾸준한 노력'은 목표를 향해 한 걸음 한 걸음 소처럼 앞으로 걸어가는 자세를 말한다. 우미의 성공 비결은 바로 이 꾸준한 노력에 있다. 물론 앞만 보고 생각 없이 무작정 걷기만 했다는 것은 아니다. 벌써 오래 전부터 각 부서마다 '성공과 실패 사례'를 발표하고 토론하는 회사방침을 정한 바 있다. 사소한 실패라도 반드시 그 원인을 파악하고 대처방안을 마련토록 하기 위해서다.

회사의 외형적인 성장이나 발전보다는 각각의 부서별, 업무별 발전을 이루어 나간다는 측면에 주목해야 한다. 한 번 해 본 일을 다음에 다시 할 때는 조금이라도 진보가 있어야 하는 것이다. 이것은 '지식의 집적과 활용' 차원에서 이해할 수 있다. 개개의 직원은 자기만의 고유한 노하우를 개발하는 셈이 되고, 회사는 수많은 직원들의 노하우를 조직하고 활용하면서 발전하게 된다.

"아무리 좋은 생각과 행동이라도 꾸준한 노력 없이는 좋은 열매를 기대할 수 없습니다. 처마에서 떨어지는 작은 물방울이 바위를 뚫는 건 '꾸준함' 때문입니다. 이처럼 목표의 성취를 굳게 믿고 열의를 다해 실천하는 것이 우미 구성원들의 의지입니다." 꾸준한 노력을 강조하면서 평소에 하는 나의 말이다.

신뢰경영 - 우미의 으뜸가치

우미의 경영이념 중 으뜸은 '신뢰'다. 우미의 경영이념은 '신뢰'라는 덕목을 최종적인 목표로 삼고 있다. 신뢰는 우미의 전 직원 상호 간, 그리고 하급직원과 상위직급의 간부들, 임직원과 최고경영자 사이의 신뢰뿐만 아니라 고객과의 신뢰를 중요시한다는 의미를 가진다. 우미의 슬로건 중에 "기술에는 완벽성을, 시설에는 정성을, 입주자에게는 만족을"이라는 것이 있는데, 이는 곧 신뢰의 덕목을 함축적이고 구체적으로 표현한 것이다.

신뢰는 무엇보다도 우미의 아파트를 구입한 고객들이 우량아파트임을 확신할 수 있을 때 완성된다. 고객만족이란 바로 신뢰의 다른 표현이다.

건설기술자가 완벽한 기술을 구사하고 정품과 우량품의 자재를 사용하며, 그냥 '살아가는' 공간이 아닌 '삶의 질'을 높이는 공간으로서 주택을 짓는 정성이 있어야 입주자들에게 만족을 줄 수 있다. 실제로 우미에서 짓는 아파트의 공간 배치를 보면 안방, 작은방, 주방, 거실, 욕실 등의 실내 공간뿐만 아니라, 조경과 단지의 배치 등에도 세세한 신경을 기울이고 있다. 즉 실제 수요자 입장에서 필요한 것이 무엇인지를 찾아 설계에 반영하고 있다는 의미다.

시대가 지나면 입주자들의 가치관도 변하고, 그에 따라 주거공간에 대한 개념과 가치도 달라진다. 그렇더라도 우미 아파트에 대한 무한한 신뢰야말로 우미 경영철학의 기본이다. 이는 우미가 현재 가장 중요하게 생각하는 부분이며, 미래에도 가장 중요하게 생각해야 할 부분이다.

나는 사업영역에서뿐만 아니라 우미와 거래하는 다른 기업과의 신뢰 관계를 위해서도 최선을 다했다. 건축공사와 관련된 수많은 거래회사들, 즉 협력업체에 매월 20일이면 기성분에 대한 현장공사비를 반드시 지급했다. 호황일 때는 물론 회사 여건이 어려울 때에도 철저히 지켰다. '우미는 약속을 철저히 지키는 회사'로 소문날 정도였다. 그래서 우미의 공사비 지급일을 직원급여일로 정한 협력업체가 여럿이라는 이야기를 들었다.

이와 같은 신뢰의 경영원칙은 나와 우미 직원 간에도 당연히 적용된다. 창업 초창기의 자금난, 인력난 속에서도 사업을 해나갈 수 있었던 것은 직원들이 나를 믿고 따라주었기 때문이다. 아무래도 1인체제일 수밖에 없는 상황에서 나의 판단력과 예측을 믿지 못했다면 함께 여기까지 올 수 없었을 것이다. 앞에서 에피소드로 소개했던 장동석의 경우만 봐도 그렇다. "회사를 떠나 다른 길을 찾으라"는 나의 말에 대해 그가 "함께 하겠다"고 답한 것, 이것이야말로 '믿음'의 결정적 증거다.

그렇다고 나는 사원들에게 "나를 믿고 따르라"라고 말하지 않는다. 그런 자신감은 자칫 독선으로 흐르기 쉽다. 이는 직원들의 창의력과 업무수행 능력을 심하게 훼손하는 일이 될 수도 있다. 특히 경영문제에 있어서 무조건 나를 믿고 따르라는 것은 자칫 직원들에게 회사의 경영상태나 미래를 숨기는 말이 되기도 한다.

신뢰는 말없는 가운데 믿음을 쌓아가는 것이다. 그래서 솔선수범과 행동이 중요하다. 사원들의 믿음을 얻기 위해 나는 어떤 직원보다도 열심히 일했다. 아마도 전체 임직원들 중에서 몇 곱절 더 열심히 일한 직원이 바로 나일 것이다.

* * *

평소 쌓은 신뢰는 결정적인 위기의 순간에 빛을 발한다. 그 한 예를 들어보겠다. 1987년 여름의 어느 날, 라인광장아파트 2차 공사를 진행하던 때였다. 현장에서 일하던 목수 10여 명이 사무실을 점거하고 기물을 파손하는 등 거친 행동을 하는 일이 발생했다. 왜 임금을 주지 않느냐는 황당한(?) 이유에서다. 알고 보니 우리 회사에서는 이미 공사비를 지급했는데, 목수들을 관리하고 있던 협력업체가 임금지불을 지연시키고 있었던 것이다.

상황이 뻔했는데도 한번 난동에 불이 지펴지자 걷잡을 수 없을 정도의 기세가 되었다. 협력업체가 잘못했든 어쨌든 우미가 해결하라는 식으로 떼를 쓰는 것이었다. 목수들의 기세가 워낙 험악했기에 현장직원들은 차마 앞에 나서지 못하고 슬슬 피하는 분위기가 됐다.

그 보고를 받고 내가 나섰다. 나는 평상시와 마찬가지로 담담하게 그들을 대했다. 내가 그들에게 말한 것은 간단명료했다.

“나를 믿고 일터로 돌아가라.”

‘지금 당장 해결하지 않으면 임금 받기 글렀다’는 식으로 불안감을 조성하며 ‘더 강하게 압박해야 한다’는 사람도 있었지만 결국 대다수의 목수들이 나를 믿고 금세 농성을 멈추었다. 그리하여 순식간에 분위기가 가라앉고 사태는 수습되었다. 만약 평소에 내가 그들에게 믿음을 주지 못했다면 그런 식으로 해결되지 못했을 것이다. 나는 그때를 돌아볼 때마다 경영이든 인간관계든 ‘신뢰’가 가장 중요하다고 생각하곤 한다.

* * *

이런 일도 있었다. 우미가 힘찬 도약의 발걸음을 재촉하던

1991년 봄. 모 경제일간지에서 광주지역의 아파트 미분양사태를 보도하였다. 그런데 미분양의 대표적인 사례로 우리가 추진한 동림동 아파트가 크게 인용되었다. 당시 광주에는 일시적인 미분양 아파트가 여러 곳 있었는데 하필이면 우리 아파트를 대표적인 사례로 보도한 것이다.

기사에 악의가 담긴 것은 아니지만 아파트를 분양하기 위해 노심초사하던 때에 "미분양아파트가 발생했다"는 보도는 사업추진에 찬물을 끼얹는 것이다. 사실이든 아니든 일단 뉴스가 되면 그 위력은 대단하다. 자칫하면 치명타가 될 수도 있다. 소비자들 입장에서는 마치 심각한 문제가 있거나 품질에 하자가 있어서 분양이 안 되는 것 같은 착각을 일으키게 될 것이다.

분양은 소비자의 심리가 크게 작용하기 때문에 '분양이 잘 된다'고 소문이 나면 사람들이 구름처럼 몰리고, 반대로 '분양이 어렵다'고 하면 실제와 관계없이 소비자 반응이 싸늘해지며 발길 역시 끊기기 마련이다. 그런데 미분양 기사의 대표적인 사례로 우미 아파트가 소개됐으니 상황이 어떻겠는가. 당연히 분양받기를 꺼리게 되고 미분양을 더욱 부채질하게 될 것이다.

보도가 나가자 그 기사를 보고 억울하다고 생각한 충직한 우리 직원이 "과도한 보도를 삼가달라"며 우미 아파트의 미분양을 해명하는 서신을 내용증명으로 신문사에 보낸 게 화근이었다. 신문사나 그 기사를 쓴 기자(K기자)의 입장에서 보면 크게 반발하거나 시비를 거는 것으로 비춰질 수 있는 사안이었다. 아니나 다를까 K기자가 간사로 있는 광주국세청 출입기자단에서 오히려 우미를 주목하기 시작했다. 이를테면 '괘씸죄'에 걸린 셈이다. 상황이 이렇게 되자 이상한 방향으로 사태가 전개되기 시작했다. 다른 기자들까지 우미의 약점을 취재하려고 애썼고 그럼으로써 우미와 기자단 사이에 팽팽한 긴장감이 조성됐다.

아마도 K기자는 후속 기사를 통해 우미를 단단히 다루려했을지 모른다. 인지상정이요, 어찌 보면 우리가 긁어 부스럼을 만든 꼴이다. 그런데 진심은 통한다는 사실을 그때 깨달았다. 우미를 여러 측면에서 취재하고 확인하면서 우리의 진심과 경영원칙을 파악하게 된 K기자가 오히려 앞에 나서서 출입기자단의 자제를 요청하는 일이 일어난 것이다.

"보통 아파트를 완공한지 1년쯤 후부터는 하자보수 문의가 쏟아진다. 그런데 우미가 지은 아파트는 하자보수 문제가 거의 발생하지 않는다. 알고 보니 우미는 매우 성실한 건설업체요 이광래 대표이사는 약속을 지키는 경영인이라는 것을 알게 됐다."

이 말은 K기자가 다른 기자들을 설득하며 한 이야기로, 나중에 내가 전해들은 말이다.

기자단 내부에 그런 흐름이 있는 것과 별도로 나도 직접 나섰다. 출입기자들과 간담회를 갖고 내용증명을 보내게 된 것이 본의가 아니었으며 회사를 사랑하고 가장 좋은 아파트를 짓는다는 자부심을 갖고 있는 우리 직원이 선의로 한 것이었다고 해명하였다. 결국 그들은 나를 믿어주었다.

분위기가 좋아져 나는 간담회 말미에 "우미는 10년 후쯤 수도권으로 진출할 것이다. 그때는 여러분을 한번 초청하겠다"는 요지의 말을 했다. 당시 그 발언에 주목한 기자는 아무도 없었을 것이다. 그러나 나는 10년 후인 2002년에 본사를 수원으로 옮겼으며 그때 기자들을 초청하여 그 약속을 지켰다. 신뢰는 나의 신념이요 우미 경영의 바탕인 것이다.

* * *

사람의 인품은 그가 악조건에 처했을 때 나타난다. 마찬가지로 기업의 신뢰 역시 '어려운 여건에서도 약속을 지키느냐'에 달려 있다. 대부분의 기업이 그랬듯이 1997년의 IMF체제는 위기였다. 부동산경기가 급격히 침체되었다. 그런 상황에서 누가 집을 사겠는가. 우미가 야심차게 착공했던 아파트(앞에서 언급한 바 있는 광주시 서구 풍암동 아파트로 1,000세대가 넘는 큰 사업이었다)는 분양이 극도로 저조했다. 분양이 제대로 이뤄지지 않으니 분양대금이 제때 들어오지 못하는 것은 당연한 일이다.

많은 건설사들은 공사를 지연시키며 협력업체에 대한 어음의 결제조건을 기존의 3개월에서 6개월로 늘리는 등 자금 확보에 골몰하였다. 어쩔 수 없는 상황이었다. 당시의 시대적 분위기나 상황으로 보아 우미도 협력업체에 대한 어음결제를 6개월로 연장하는 게 정상이었을지 모른다. 우미가 외환위기에 대해 미리 대비하고 기민하게 잘 대처했다고는 하지만 거대한 불황의 파도에서 어려움을 어찌 피할 수 있었겠는가.

그러나 나는 회사의 부담과 어려움을 무릅쓰고 3개월 어음결제를 그대로 유지하였다. 우리가 그토록 어려운 처지라면 우리보다 영세한 협력업체는 더욱 어려울 것임을 잘 알고 있었기 때문이다. 난 어려울 때 지키는 약속이 더 가치 있다는 믿음을 갖고 있었다. 상황이 어렵다고 지키지 않는 약속이라면 어떻게 신뢰를 얻을 수 있겠는가. 어려울 때 약속을 지켜줘야 협력업체와의 관계는 더욱 돈독해질 것이요, 거꾸로 우미가 어려울 때 그들의 협조를 얻을 수 있을 것이다. 이는 당연한 세상의 이치다. 나는 회사의 일시적인 이익보다는 신뢰를 얻는 것이 더 중요하다고 믿었기에 그렇게 대처했던 것이다.

정도경영 - 원칙대로 바르게

신뢰는 옳은 길, 원칙의 길을 걸을 때 형성된다. 그것을 믿기에 나의 경영철학은 곧 '정도경영正道經營', '원칙경영'이다. 정도경영과 신뢰경영은 동전의 앞뒤와 같다. 바르게 경영하면 사원들은 물론 고객들로부터 신뢰를 얻을 수 있다. 이는 곧 '신뢰를 얻으려면 원칙대로 바른 경영을 해야 한다'는 뜻이기도 하다.

나는 경영학자가 아니다. 그러기에 정도경영을 경영학의 측면에서 정의하지 않는다. 경영학에서는 그것을 어떻게 정의하고 있는지 모르나, 나는 '경영은 원칙대로 바르고 옳게 해야 한다'는 평범하지만 양심적인 신념을 가지고 있다. 그리고 정도를 걷기 위해선 무엇보다도 한눈팔지 말고 외길을 가야 한다고 생각한다.

예컨대 초창기 공동주택사업으로 어느 정도 성공을 거두었을 때, 주변에서는 "그만큼 성공했으니 미래가 불안한 아파트사업에 머물지 말고 다른 사업으로 옮기거나 영역을 다변화하는 게 좋겠다"고 조언해주는 사람들이 많았다. 그러나 나는 한 우물을 파는 것이 경영의 정도라고 보았다. 이것저것 돈이 되는 것을 찾아나서는 것은 단순히 부자가 되겠다는 것이지 경영의 바른 길을 걷는 것이라고 생각하지 않았다 회사의 규모가 작았던 시절에는 물론이요 회사의 기반이 확고해진 후에도 다른 분야에는 일체 관심을 두지 않았다. 심지어 같은 건설분야에서도 공동주택이 아닌 다른 쪽에는 관심을 갖지 않았다. 외형 늘리기에 급급하여 대규모 토목사업에 뛰어들거나 대형 상가빌딩 또는 관공서의 대형 건축물을 무리하게 짓다가 실패할 경우 다시 일어서기 힘들 것이라는 판단 때문이기도 했지만, 무엇보다도 아파트분야에서 최고가 되겠다는 초심을 잃지 않았기 때문이다.

실제로 건설회사 가운데서 사업기반이 닦아지면 다른 분야로 진출하는 회사가 적지 않다. 그 중에는 성공한 기업도 있지만 이도저도 아닌 어정쩡한 상태가 되거나 아니면 새롭게 진출한 사업

분야 때문에 발목이 잡혀서 결국 회사가 쓰러지는 경우도 종종 보았다. 나는 아파트사업에만 전념함으로써 회사의 모든 역량을 한 곳에 집중시켜야 한다고 생각했다. 그를 통해 아파트에 대한 노하우를 축적함으로써 더 좋은 아파트, 최고의 아파트를 지어나가겠다는 신념을 지켜왔다.

원칙중심의 정도경영은 거래은행과의 관계에서도 그대로 적용됐다. 초창기에는 회사의 미래가 불투명했기 때문에 필요한 자금을 대출받는 것이 매우 까다롭고 힘들었다. 그럼에도 나는 보다 쉽게 대출을 받기 위해 편법을 이용하거나 원칙에서 벗어난 로비를 하지 않았다. 일을 쉽게 하기 위해서라든가 이윤에 집착하여 불법적이거나 사회적으로 물의를 일으킬 일을 절대로 해서는 안 된다는 신념 때문이었다. 이렇게 정도를 걸으며 원칙대로 한 것이 오히려 우미와 나에 대한 거래은행들의 신뢰를 얻는 결과를 낳았고 궁극적으로는 거래가 더 원활히 되는 결과를 가져왔다.

정도경영은 무엇보다도 경영정보 등을 투명하게 공개하고 법과 질서를 지킴으로써 부정부패하지 않는 시스템을 갖추는 것에서 시작된다. 공사원가를 부풀리거나 분식회계가 일어나는 것을 방지하고자 우미는 회계규정을 정확하게 적용하였고 매년 회사의 재무제표를 홈페이지에 공개하는 등 투명경영을 실천하였다.

정도경영은 성실납세 등 사회구성원으로서 적절한 책임을 다하는 것이다. 나는 '기업이윤의 사회환원'이라는 입에 발린 식의 생색내기를 혐오한다. 정치적으로 민주주의가 정착되면서 노사간 갈등이 사회적 이슈로 떠오르자 많은 기업들이 '돈을 벌어 사회를 위해 내놓는다'는 식으로 외쳐왔다. 나는 "기업은 사회의 법과 제도, 질서를 잘 지키면서도 좋은 제품과 양질의 서비스를 제공해 돈을 많이 벌려고 노력하되, 세금을 정직하게 내는 것이 진정 국가와 사회에 이바지하는 길이다"고 생각한다. 나는 법인세를 많이 내는 것을 보람으로 여기는 사람이다. 이런 생각이 우미가 여러 차례에 걸쳐 성실납세 표창을 받은 배경이다.

정도경영은 결코 거창한 게 아니다. 나는 협력업체에 대한 부당한 압력이나 종속관계도 없애고 상생협력 관계로 만들려고 노력했다. 요즘 표현으로 '갑질'을 해서는 안 된다는 게 나의 신념이기 때문이다.

* * *

세상사가 모두 원칙대로 되는 것은 아님을 나는 잘 안다. 특히 기업경영에 있어서 완벽하게 정도를 걷는다는 것은 사실상 불가능하다. 기업이 완벽한 정도경영을 하기 위해선 국가나 사회 전체에 완벽한 원칙과 정도가 정립돼야 한다. 나 역시 기업경영은 도덕과 윤리를 시험하는 것이 아님을 누구보다도 잘 알고 있다. 그럼에도 불구하고 지킬 수 있는 한 원칙을 지켜야 한다는 게 나의 신념이요, 바른 길을 가자는 게 나의 경영이념이다.

이런 일이 있었다. '토지개발부담금 부과에 대한 관행'을 시정한 일이다. 2004년 11월, A시로부터 아파트사업지구에 대하여 개발부담금을 부과한다는 통보를 받았다. 시의 의견은 우리가 '환지, 체비지의 토지를 매입 가공(토목공사)하여 건축하였으므로 과세대상이 된다'는 것이었다. 우리는 'A시의 구획정리사업으로 조성한 대지를 매입하여 아파트를 건축 분양한 것에 불과하므로 과세대상이 아니다'라고 주장하며 충돌했다.

문제는 법조항의 해석상 차이에서 비롯된 것이다. 주택법상 '대지조성사업 및 주택건설사업'은 과세대상이 되는데, 법률 조항에 나오는 '및'이라는 것을 어떻게 해석하느냐에 따라 부과대상이 달라질 수 있는 것이었다. 또한 대지조성사업을 어떻게 해석하느냐에 따라 부과여부가 달라질 수 있는데, 지자체는 아파트건설을 위하여 도로를 개설하고 지하주차장을 만드는 것 등을 대지조성사업으로 본 데 반해 우리는 그것을 주택건설의 부수적인 공사로 본 것이다.

이에 대해 회사 내에서도 의견이 갈라졌다. 실무자들은 지방자치단체가 구획정리 사업으로 조성한 대지를 환지 방식으로 건설

회사가 매입하여 아파트를 건립 분양하는 경우 지금까지의 관행상 건설업체들이 개발부담금을 물어왔다는 것이다. 따라서 지자체의 요청대로 전문용역업체를 통하여 작성한 산출내역서를 소정기일 내에 제출해야 한다는 것이다. 산출내역서 작성비용만도 3,000~5,000만 원에 이르고 부과될 금액은 10억 원이 넘을 것으로 예상되었다.

반면 임원의 의견은 달랐다. 지자체가 시행한 구획정리사업은 납세의무자가 지방자치단체장이 되는 것이며 주택법상 '대지조성사업 및 주택건설사업'은 과세대상으로 규정되어 있으나 우미는 이미 지자체가 대지로 조성해 놓은 토지(택지)를 매입하여 '주택건설사업'만 시행하였으므로 과세대상이 아니라는 것이다.

그러나 법리보다 더 우리를 압박하는 것은 지자체의 의견과 대립하여 다툼을 벌일 경우 발생할 그 후의 상황이었다. 우리는 계속해서 건설사업을 해야 하는 사업자요 이를테면 '을'이다. 그런데 만약 '갑'을 상대로 이의를 제기하고 더구나 소송까지 해서 사회적 이슈를 만든다면 앞으로 어떻게 될 것인가 하는 점이다. 당연히 전국에 소문이 날 것이고 그렇게 되면 사업을 하는 데 개발부담금을 훨씬 뛰어넘는 불이익을 감수해야 할지도 모른다.

이런 경우 어떻게 해야 할 것인가? 실무자와 임원이 각자의 의견을 내는 것은 쉬운 일일 수 있다. 생각대로 의견을 말하면 될 것이다. 그러나 판단은 CEO인 나의 몫이요, 궁극적인 책임도 내게 돌아온다. 현실과 원칙 사이에서 과연 어떻게 해야 할 것인가? 그러나 문제의 심각성에 비해 나의 결론은 간단했다. 앞뒤 재지 말고 원칙대로, 정도로 하자는 것이다. 그리하여 지차체가 부과한 6억 5,000만 원에 이르는 개발부담금은 시일이 촉박하므로 일단 납부를 하되, 그 개발부담금의 환급을 요청하는 소송을 할 것을 지시하였다.

실무자나 임원들은 깜짝 놀라는 기색이었다. 임원도 과세대상이 아니라는 의견을 내기는 했지만 막상 지자체를 상대로 소송을 해야 한다는 생각은 아니었을 테니까 말이다. 더구나 소송을 하는 상태에서 건설사업을 추진하기 위해 그 지자체를 들락거려야 할 실무자의 심정은 난감했을 것이다.

그러나 나는 믿는 구석이 있었다. 지자체의 공무원들도 일부러 건설사를 골탕 먹이기 위해 부담금을 부과하는 것은 아니라는 점을 말이다. 그들은 그들대로 어떻게 해서든 재원확보를 통해 지자체의 재정을 탄탄히 하고자 하는 것이다. 단지 법해석에 의견이 다를 뿐 이번 기회에 피차 어떤 것이 법에 맞는 건지 유권해석을 확실히 받아볼 필요도 있었을 것이다. 이는 지자체이든 건설사이든 도움이 될 것이다. 그런데 상대의 눈치를 보며 미리 결론을 내리고 아무도 이견을 제시하지 않다보니 그만 관행이 되어버렸을 뿐이다. 따라서 선의로 하는 의견충돌이 사후에 나쁜 영향을 미칠 리 없다고 나는 확신했다.

결론적으로, 법리의 오해와 잘못된 관행을 바로잡고자 불이익을 예상하면서까지 감행한 소송은 우리가 승소하는 것으로 끝났다(1심과 2심은 우미가 승소, 상고는 지자체가 포기). 법원은 이렇게 판단했다.

'대지조성사업 및 주택건설사업'에서 '및'이란 '그 밖에 또', '~와 함께 또'(영어의 and)를 뜻하는 접속부사로서 위 규정의 문리 해석상으로도 '대지조성사업 또는 주택건설사업'(영어의 or)이라고 여길 수 없다는 것이다. 즉 대지조성사업과 주택건설사업을 함께 하는 경우에 개발부담금이 부과되는 것으로, 우리는 주택건설사업만을 하였기에 부과대상이 아니라는 의미다. 또한 '대지조성사업'이란 정부의 허가를 받아 절토, 성토, 정지 등 토지의 형질을 변경하는 사업을 뜻하는 것으로, 지자체가 건축에 수반되는 지하주차장 설치와 도로개설 등을 '대지조성사업'이라고 주장하는 것은 타당하지 않다는 것이다.

결국 우리는 이미 납부했던 개발부담금을 이자와 함께 돌려받았다. 이자만도 3,200여만 원이 될 정도였다. 이후 실무자나 임원이 걱정했던 일은 일어나지 않았다. 지자체와의 관계에서 아무런 불편함이 없었다. 어쩌면 알쏭달쏭했던 문제를 말끔히 정리한 계기가 됐을 것이다. 속으로 불평이 가득했던 '을'이나, 기준이 불명확하지만 관행으로 일했던 '갑'이나 모두에게 좋은 일 아닌가.

내가 여기서 이 소송의 전말을 상세히 밝히는 것은 혹시나 다른 건설업체에도 참고가 될지 모른다는 이유에서다. 그리고 그보다 더 중요한 이유는 바른 길을 가면 그 선의와 원칙이 통한다는 것을 말하고 싶어서다(그 사건 이후 법령이 개정되어 '주택건설사업'은 아예 과세대상에서 제외되었다. 아마도 우미의 소송이 계기가 되었을 것이라 생각한다).

윤리경영 - 지속가능한 발전을 위하여

"우미는 창의와 노력을 바탕으로 고객에 대한 최고의 제품과 서비스를 제공함으로써 사회에 공헌하며 '21세기 세계 일류기업'을 지향한다. 이에 우리는 우미인이 공유해야 할 '우미 윤리강령'을 제정하고 모든 행동과 가치판단의 기준으로 삼는다."

2003년 2월 28일, 충남 천안의 재능교육연수원에서 열린 창사 제21주년 기념연수회에서 우미는 '윤리강령'이라는 것을 내놓았다. 이미 윤리를 경영의 기본이념으로 생각하고 실천해왔지만 회사의 체계가 잡힘에 따라 명문화해놓은 것이다.

그동안 한국사회는 1997년 말의 외환위기, 민주적 정권교체 등 거대한 격랑의 파도가 지나갔고 이에 따라 사회적으로 급격한 변화가 잇따랐다. 이제 기업조차도 안일한 사고에 빠져 있거나 과거 상시화 되었던 불법·탈법 행태, 자기 회사의 이익만 생각하는 이기주의적 태도에서 탈피하지 않으면 살아남기 힘든 세상이 된 것이다.

각종 시민단체들이 기업에 요구하는 사회·윤리적 역할도 점점 강도가 높아지고 있을 뿐 아니라, 정부 차원의 세무조사라든지 법규준수에 대한 감시도 철저해지는 경향을 보이고 있다. 더구나 이 글을 쓰고 있는 동안에도 큰 변화가 일어났다. 소위 '김영란법'이라는 '부정청탁금지법'이 시행된 것이다. 적용범위가 지나치게 넓다든가 접대비용 한도가 너무 적다든가 등등 문제점이 있다고 하지만 어차피 와야 할 변화요 수용해야 할 변화라고 본다. 개인이든 기업이든 윤리적이고 도덕적이지 않으면 살아남기 어렵게 된 세상이다.

그리고 무엇보다도 기업경영의 측면에서는 단순히 '김영란법'을 지키는 차원을 넘어 '세계적 수준'의 좋은 제품과 양질의 서비스를 제공하는 것이 가장 중요한 기업윤리라고 본다. 건설회사로서는 바른 마음으로 소비자들을 속이지 않고 그들이 만족할 수 있는 최고의 집을 짓는 것 이상의 윤리는 없는 것이다. 이에 따라 우미는 남보다 한 걸음 먼저 실천해야 할 문제들을 점검하고 그에 대한 구체적 방향과 목표를 제시했던 것이다.

우리는 윤리강령을 통해 고객과 종업원, 협력업체와 경쟁자, 주주 등 이해관계자와 상호 신뢰를 바탕으로 공동의 번영을 추구하고, 기업시민으로 사명과 역할을 충실히 수행하겠다고 밝혔다. 또한 인류사회의 풍요로운 번영을 위해 사회공헌 활동을 전개하면서 서로 존중하고 각자의 명예와 품위를 지키자고 강조했다.

영속적인 발전과 번영을 위해선 무엇보다도 법을 지키고 윤리를 지키는 경영을 해야 한다는 것이 나의 신념이다. 글로벌 스탠더드가 적용돼야 세계와 경쟁하고 세계적인 일류기업이 되는 것은 당연한 일이다.

투명경영 - 당당하고 공정하게

2002년 11월 19일, 그날은 수요일이었다. 우미는 경기도 수원시 팔달구 영통동(이후 영통구로 승격)으로 본사를 옮겼다. 광주에서 '삼진맨션주식회사'를 설립했던 1982년을 창업원년으로 계산하면 정확히 20년 만에 드디어 수도권으로 입성한 것이다. 이것은 호남에서 시작한 지역 건설사가 드디어 전국적인 기업으로 성장하고 있음을 상징적으로 보여주는 '사건'이었다. 또한 이것은 내가 아파트사업에 확고한 자신감을 갖게 됐음을 의미함과 동시에, 아파트 미분양사태에 즈음하여 기자들 앞에서 "10년 후 수도권으로 진출하겠다"고 했던 약속의 이행이기도 했다. 수도권으로 진입하면서 서울이나 현재의 사옥이 있는 분당으로 가지 않은 것은 사원들의 주거불안을 최소화하기 위해서였다. 수원은 전국을 대상으로 사업을 하기에 전혀 불편함이 없으면서도 집값이 상대적으로 저렴하여 사원들이 주거지를 옮겨오는 데 부담이 다소나마 덜했기 때문이다.

수도권 진입을 계기로 나는 회사의 체계를 보다 정교하게 확립했다. 2003년 1월, 전사적 자원관리 시스템ERP을 회사의 모든 업무에 적용하기로 했다. 전자공학을 전공한 아들 이석준이 있었기에 더욱 수월했다. ERP는 기업활동을 위해 사용되는 기업 내의 모든 인적, 물적 자원을 통합해 관리하는 것이다. 우미의 ERP 도입은 소위 '노가다'라는 인식이 강한 건설업계에서 일대 전진이라고 할 수 있었다. 그리고 그것은 기업경영에 있어서 투명하다는 것을 보여주는 자신감의 증표이기도 했다. ERP는 모든 자산에 대한 히스토리가 그대로 남기 때문에 재무회계가 투명해야만 도입 가능한 시스템이다.

지금도 그 잔재가 일부 남아 있어 사건이 되기도 하지만, 과거의 건설업체들 중에는 공사원가를 부풀리고 비자금을 조성하여 사회적 물의를 일으키는 경우가 간혹 있었다. 또한 사업소득을 줄여 신고함으로써 탈세를 했다는 보도도 종종 접할 수 있었다. 그러나 투명한 재무회계 시스템을 도입함으로써 누가 들여다봐도 꺼릴 만한 것이 없도록 하는 것이다.

재무회계의 투명성뿐만 아니라, 협력업체와의 관계에서도 공정하고 당당하게 상호협력하며 함께 일할 것을 강조한다. 그래서 협력업체의 대표들을 초청하여 간담회를 하면서 우미의 직원 중 그 누구라도 부당한 요구를 하거나 이유 없이 차별적 대우를 할 경우에는 반드시 나에게 알려달라고 당부하곤 했다. 또한 직원들에게도 협력업체란 '하청업체'가 아니며 우미와 함께 발전해나가야 할 '동지'로서 철저한 수평적 관계라는 점을 늘 강조했다. 이를 통해 '갑'과 '을' 사이에 발생할 수 있는 불법적이거나 탈법적인 행태를 사전에 차단하려고 하는 것이다.

나는 1997년 외환위기가 일어나기 이전에 이미 '투명경영'에 대한 확고한 신념을 밝힌 바 있으며 회사의 실무 전반에 이를 관철시켜 나갔다. 매년 사업실적을 임직원들에게 설명하고, 재무제표를 홈페이지에 공개하며 법인세를 많이 납부하는 것을 기업하는 보람으로 여기고 매우 자랑스럽게 생각하는 것이다.

* * *

투명경영은 열린경영이며 시스템경영이라 할 수 있다. 최종적인 권한을 가진 한두 사람에 의해 주관되고 결정되는 것이 아니라 실무 차원에서는 실무자들에게, 좀 더 비중이 높은 일은 중견간부에게 결정권을 주고 그것이 상호교류되며 합리적인 경영판단으로 연결되는 것이다.

창업초기에는 어쩔 수 없이 사장 혼자서 판단하고 추진할 수밖에 없었다. 그러나 규모가 커지면 그런 식으로 경영할 수 없다. 그렇게 되면 독단에 빠지고 단 한 번의 판단착오로 기업이 망할 수도 있다. 그것을 방지하려면 모든 의사결정에 임직원들이 참여할 수 있도록 열린경영을 해야 하며 '사람'에 의해서가 아니라 '제도'

와 '시스템'에 의해 경영되지 않으면 안 된다.

회사의 의사결정과 경영에 임직원 모두의 의사가 존중되면 자연스럽게 각자 맡은 업무에 책임감이 생기고 주인의식이 생길 것이다. 나는 "모든 일을 함에 있어서 가장 기본이 되는 것은 주인의식이며, 그것이 밑바탕 되어야 창의력도 발휘될 수 있다"며 직원들이 경영에 대해 적극적으로 의사를 표시하고 참여할 것을 독려했다.

또한 투명경영은 공정한 경영이다. 회사의 모든 것이 투명하게 열려 있다는 것은 공정한 게임의 원칙이 적용되고 있음을 의미한다. 공정한 거래를 위하여 나는 협력업체 선정방식을 수의계약에서 지명경쟁입찰로 바꿔 업종별로 사전에 엄선한 6~7개 업체가 서로 경쟁하는 시스템을 구축하였다. 특히 친인척과 연고 등 정실을 철저히 배제하고 능력본위로 협력업체를 선정했다. 나의 신념이 어땠는지는 마음이 몹시 아팠던 일화를 소개하는 것으로 대신하겠다.

* * *

2003년의 어느 날, 조경사업을 한다며 친동생이 나를 찾아와 우미의 조경공사를 자신에게 맡겨줄 것을 부탁했다. 일찍이 내가 부모의 입장에서 아끼며, 특히 군에 있을 때 4년 동안의 대학등록금을 모두 지원해주는 등 뒷바라지했던 동생이다. 그 자리에는 아들 이석준도 있었다. 동생으로서 형이 하는 사업에 참여하고 싶은 것은 인지상정이요, 어쩌면 당연한 일이라 할 수도 있을 것이다.

"형님, 저희가 우미의 조경공사를 맡아서 일할 수 있도록 해주세요. 열심히 잘하겠습니다."

나의 성격을 누구보다도 잘 아는 동생이 그런 부탁을 하는 건 형편이 그만큼 어려웠기 때문일 것이다. 그러나 나는 나의 경영원칙을 무너뜨릴 수가 없었다. 더구나 아들 이석준에게 아버지의 경영원칙이라는 것이 한낱 미사여구가 아닌 '신념'이라는 사실을 보여줄 필요도 있었다. 나는 무겁게 입을 열었다.

"동생아, 우리가 형제 사이라는 것을 떠나 객관적으로 한번 생각해보자. 네가 만약 우미의 회장이라면 지금 너에게 조경공사를 맡길 수 있겠느냐? 아마 그렇게 못할 것이다. 정말로 좋은 아파트를 만들기 위해서는 정실에 치우칠 수가 없구나."

나는 동생의 조경공사능력이 아직은 내가 생각하는 수준에 미치지 못한다고 판단했다. 그래서 마음이 아팠지만 거절할 수밖에 없었다. 나는 동생을 사랑하지 않은 것이 아니라 우미를 더 사랑했고 가야 할 먼 길, 이뤄야 할 큰 꿈이 있었던 것이다. 그리고 나의 거절로 분발하여 더 큰 발전을 이룰 수 있게 하는 것이 동생을 진정으로 아끼는 것이라고 생각했다.

내게 있어서 아파트란 단순히 얼렁뚱땅 고객들에게 팔아치우면 되는 상품이 아니다. 입지와 단지배치, 조경, 자연적인 환경,

아파트구조와 품질 등 모든 부문이 완벽하게 함께 어우러지는 '종합작품'이요 '종합예술'이다. 아파트공사 중에서도 특히 조경은 종합작품의 핵심 요소였기에 최고 수준이 아니면 안 된다는 굳은 신념을 갖고 있다.

동생의 부탁을 거절한 나는 얼마 후 당시 우리나라에서 수준급의 조경능력을 갖췄던 삼성 에버랜드에 조경공사를 맡겼다. 비용은 일반 업체에 맡기는 것보다 거의 두 배 정도가 들었지만 이는 더 좋은 아파트를 만드는 데 결코 장애가 되지 못했다. 이 사례에서 내가 추구하는 투명경영, 더 나아가 윤리경영, 정도경영이 무엇인지 이해할 수 있기를 기대한다.

인재경영 - 인재경영이 미래경영이다

나는 경영부문에서 '인재 육성'을 중요한 가치의 하나로 설정해 놓고 있다. 인재경영을 주창하는 것은 직원들이 훌륭하게 성장할 수 있는 기업문화를 만들겠다는 의지의 표현이기도 하다.

우수한 인재야말로 기업의 바탕이며 1등 기업을 만드는 첩경이다. 어쩔 수 없이 기업이란 회사의 성장과 발전을 통해 많은 이윤을 내려고 하기 마련이며, 그와 같은 목적을 이루기 위해 이런 저런 노력을 기울이게 된다. 이 과정에서 무엇보다도 '효율성'에 무게중심을 두는 것이 보통이다. 그러나 지나치게 이 문제에 치중하다보면 자칫 '사람'에 대한 투자를 소홀히 하기 쉽다. 특히 체계가 잘 잡힌 대기업이 아니면 그럴 가능성이 더욱 높다고 본다. 우선 이윤을 내어 살아남아야 하니까.

나는 '인재양성'은 기업의 미래, 즉 장기적인 안목으로 회사의 발전을 도모하는 진정한 의미의 경영전략이라 생각한다. 사정이 어려운 작은 기업일수록 오히려 사람을 귀하게 여겨야 한다. 아주 먼 훗날에 기업의 형태가 어떻게 변화할지 알 수 없지만, 회사가 여러 구성원들의 조직체로 존재하는 한 그 조직체는 구성원들의 수준에 따라 좌우될 것이다. 그런 의미에서 인재의 중요성은 아무리 강조해도 지나치지 않다.

'인재양성'은 '열린경영'과도 밀접한 관련이 있다. 한 기업의 운명을 한 사람의 특정 경영인이 좌우하는 것이 아니라, 그 회사의 구성원들이 함께 역량을 모아 개척해나간다면 그것이 곧 '열린경영'이다. 아무리 훌륭한 창업자라고 해도 회사의 규모가 일정한 수준으로까지 성장하게 되면 혼자서 회사의 중요한 일처리를 도맡아 하기는 어렵게 된다. 이때 담당 업무를 분산하는 것 외에 그 분야의 핵심 권한도 분산되기 마련인데, 그와 같은 권한을 위임받은 사람은 반드시 그에 상응하는 능력을 겸비해야만 한다. 즉 일에 대한 전문성과 판단력 그리고 주인의식을 가지고 업무를 추진할 수 있는 능력을 갖추어야만 하며, 이런 사람이 곧 훌륭한 인재라고 할 수 있는 것이다.

지방 도시에서 보잘 것 없는 규모로 출범한 우미는 당시 건축 기술을 갖춘 직원들을 구하지 못해 무척 애를 먹었다. 건축분야에 경험이 없는, 대학이나 고등학교를 갓 졸업한 사람들이 대부분이던 시절 무엇 하나 마음 놓고 일을 맡길 수 없었던 게 사실이었다. 그러다보니 난 밤을 낮 삼아 일할 수밖에 없었다. 그나마 1, 2년 정도 업무를 가르쳐 놓으면 조금 더 나은 회사를 찾아 이직하는 경우가 많아 '인재'를 구하는 일은 항상 중요한 현안이었다.

그렇게 인재의 필요성을 뼈저리게 경험한 나이기에 능력 있는 인재를 구하기 위해 끊임없이 노력했다. 회사의 규모가 커지면서 인력관리나 업무조정, 새로운 업무분야를 개발하기 위해 능력 있는 우수 인재의 영입이 더욱 절실한 형편이 되었다. 회사가 발전하고 명성이 알려지면서 많은 인재들이 스스로 우미의 문을 두드리고 있어 다행이라 생각한다.

한 가지 아쉬운 것은 뛰어난 사람은 많은데 '인재'를 발견하기는 쉽지 않다는 점이다. 인재란 단순히 학벌이나 스펙이 좋은 사람은 아니다. 또한 실력만 뛰어나다고 인재가 되는 것도 아니다. 나는 무엇보다 덕성과 인품을 인재의 첫째 조건으로 꼽는다. 그리고 회사의 경영이념이나 정서와도 맞아떨어지는 사람이어야 그 회사에 꼭 필요한 인재라고 본다. 차라리 능력은 조금 부족한 듯하더라도 성실하고 회사에 충성도가 높으며 직원 사이에서 잘 어울릴 수 있는 좋은 품성의 사람을 높이 평가한다. 능력이나 실력은 노력해서 좋아질 수 있지만 품성은 웬만해서 바뀌지 않음을 잘 알기 때문이다.

무엇보다도 책임감을 갖고 주인처럼 일하는 직원이 인재임을 강조한다. 아무리 실력이 좋고 뛰어난 재주가 있고 품성이 좋더라도 회사에 대한 애착과 주인의식이 없는 사람이라면 그는 결코 인재라 할 수 없다. 때문에 그것을 항상 염두에 두고 사람을 키우려 애쓴다.

그 대표적인 사례가 김영길이다. 그야말로 스펙보다 품성이 좋은 사원이었다. 학벌이 아니라 성실성과 책임감이 뛰어난 인재다. 상업고등학교를 졸업하고 군을 제대한 후 독서실에서 공부를 하고 있던 그는 라인광장아파트 1차 공사를 착공하기 직전 나를 만나 우미에 입사했다. 1986년 7월이었으니 초창기 우미 멤버인 셈이다.

직원 수가 몇 명 되지 않았으니 그는 경리업무도 보고 운전도 하며 때로는 온갖 궂은일까지 하면서 열심히 일했다. 그럼에도 깐깐하고 세심한 나의 성에 차지 않을 때는 호된 교육과 나무람을 들으며 성장해갔다. 물론 그가 미워서 꾸중을 한 것이 아님을 그도 잘 알 것이다. 그것이 내가 사람을 키우는 방법인 것이다. 회사의 규모가 커지면서 지금은 여러 교육프로그램을 운영하며 인재육성을 체계적으로 하고 있지만 초창기에 그런 것은 언감생심이었다. 내가 하나씩 직접 가르치고 훈육하면서 사람을 키울 수 밖에 없었다.

그가 과장이었을 때 "업무에 대한 보다 전문적인 지식을 얻고자 야간대학에 다니겠다"고 하자 나는 말렸다. 동분서주, 눈코 뜰 새 없이 바쁜 건설회사의 일을 하면서 야간대학까지 다닌다면 체력적으로도 감당하기 힘들 뿐 아니라 결국은 회사의 일도, 공부도 모두 어정쩡하게 되어 죽도 밥도 안 된다는 것이 나의 판단이었다. 그보다는 현장에서 나의 지도를 받으며 성장하는 것이 더 낫다고 생각했기 때문이다. 결국 그는 지금 우미의 부사장으로 중추적 역할을 하고 있다.

김영길 부사장 이야기를 하다 보니 생각나는 이가 또 있다. 송득방이다. 1996년 중반, 그가 설계담당 과장으로 일하던 때다. 한 단지의 아파트설계를 완성하려면 100여 번 이상 수정을 하곤 했다. 그 과정에서 담당과장인 송득방과 시도 때도 없이 전화통화를 하며 의견을 나누고 지시를 했다.

그런데 어느 주말에 그를 찾았더니 건축사 학원에 있다고 했다. 당시는 건축사 자격이 있으면 설계사무소를 차려 호황을 누리던 시절이다. 아마도 설계담당 과장으로서 건축사 자격을 따면 회사에 도움이 되고 훗날 설계사무소를 차릴 수도 있다고 생각했을 터였다. 그러나 나는 생각이 달랐다.

"송 과장, 네가 앞으로 자격증을 따서 설계사무소를 개업하면 잘될 수도 있겠지만 어떤 분야든지 거기서 최고의 유능한 전문실력가가 되는 것이 중요하지 자격증이 중요한 것은 아니다. 앞으로 자격증만 가지고 먹고사는 시대는 곧 끝날 것이다. 나하고 함께 아파트설계분야를 완전히 마스터하는 것이 중요하지 학원에 다닐 시기가 아니다"라며 호통을 쳤다.

그는 지금 우미의 건축설계를 총괄하는 상무로 크게 기여하고 있다. 내가 워낙 설계에 중점을 두는 지라, 늦은 밤에도 수시로 그의 집에 전화를 걸곤 했는데 조금도 귀찮은 내색 없이 상냥하고 공손하게 전화를 받아 연결해주던 부인의 고마움도 잊지 않고 있다.

김영길이나 송득방의 사례를 보면서, 나의 진심을 모르는 사람들은 야간대학이나 학원을 못 다니게 하는 것이 직원들의 앞날을 막는 게 아닌가 생각할지도 모른다. 그러나 그게 아니다. 오히려 그 정도로 직접 사람을 키우는 데 공을 들인다는 얘기다. 난 직원들의 앞날을 내 자식 앞날 걱정하듯이 진심을 갖고 생각한다. 그럼으로써 우리 직원들이 회사에 대한 주인정신과 충성심을 갖게 될 것이라 믿기 때문이다.

내가 자식처럼 생각하며 키운 사람이 어찌 김영길과 송득방뿐이겠는가. 이 글을 쓰노라니 여러 임직원들의 얼굴이 주마등처럼 스쳐지나간다. 일선 현장에서 오로지 회사의 앞날을 생각하며 전쟁을 치르듯 일에 몰두하던 직원들, 유별난 회장을 만난 탓에 호통을 당하면서도 '열정 때문에 저러는 것'이라고 이해해주던 직원들 아니던가.

"엄부 밑에 효자난다"는 말도 있듯이 엄하고 호되게 훈련을 받은 그들이야말로 언젠가 내가 우미를 떠날 때 진심어린 고별의 눈물을 보일 '효자'가 될 것이라 믿으며 아끼고 소중히 여겼음을 고백하지 않을 수가 없다.

* * *

기업은 사람이 하는 것이다. 창업은 한 사람에 의하여 이뤄질지 모르지만 수성은 얼마나 좋은 인재가 있느냐에 달려있다고 본다. 인재를 구하기 위해 노력한 것 중 유독 기억에 남는 일이 있다. 1992년 여름, 나는 고향 후배인 전남대학교 경영대학 윤순석 교수에게 "경영학과에서 1등부터 5등까지의 학생 가운데 두 명만 우미에 보내달라"고 부탁했다. 윤 교수는 쉽지 않을 것이라고 했다.

"회장님, 우미가 사람들에게 잘 알려지지 않아 우수한 학생들이 우미에 가려고 하지 않을 텐데요…."

그는 말끝을 흐렸다. 어찌 보면 당연한 일이었다. 성적이 우수한 학생들은 보다 큰, 그리고 이름난 대기업을 선호할 것이기 때문이다.

"일단 추천을 해주게. 그 사람의 장래는 내가 책임 질 것이니."

그리고 며칠 후 나의 집무실에 두 명의 대학생이 찾아왔다. 윤 교수가 보낸 전남대학교 경영학과의 우수한 학생들이었다. 나는 두 사람 중에 1등을 차지한 장동석을 주목했다. 고향이 나와 같은 전남 강진이라 설득하기가 좀 더 용이할 것 같았고 친근감이 느껴졌기 때문이다. 그는 당시 삼성전자 등 대기업 입사를 희망하고 있었다. 나는 그를 차근차근 설득하였다.

"네가 대기업에 입사하면 아마 과장이나 부장 밑에서 교육을 받을 것이다. 하지만 우미에 오면 내가 직접 너를 지도할 것이다. 장기적으로 보면 너의 발전에 훨씬 좋을 것이라 생각한다. 대기업에 가면 혹시 크게 성장하지 못할 수도 있다. 일반직원일 때는 학력이나 지역 등을 따지지 않지만 간부가 되면 사정이 달라질 수 있다. 대기업들이 학력이나 지역차별을 한다는 의미는 아니다. 그만큼 치열한 경쟁을 겪어야 한다는 말이다. 그러니 여러 가능성을 열어두고 잘 생각해봐라. 사소한 것에서 미래가 달라질 수 있으니까."

나의 논리가 설득력 있고 맞는 말인지는 지금 생각해도 잘 모르겠다. 다만 그때 나의 신념은 그랬고, 우수한 젊은이의 장래를 진정으로 생각하는 조언이었다. 어떻게 해서든지 똑똑한 사람을 우리 회사로 끌어들이겠다는 얄팍한 계산만은 아니었다.

그의 눈빛이 빛났다. 나의 진심이 전달되었는지 모른다. 나는 계속해서 이렇게 말했다.

"우리 회사에 입사하기를 결심하는 게 쉽지는 않을 것이다. 직장 선택을 잘못하면 그것을 만회하기가 힘든 법이니까. 그러니 일단 6개월만 우리 회사에서 인턴을 해보라. 판단은 그때 가서 해도 된다. 설령 우미에 들어오지 않더라도 우리 회사에서 인턴을 한 것이 앞으로 직장을 구하거나 사회생활을 하는 데 도움이 될 것이다."

결국 그는 그해 12월 15일 우미에 입사하였다. 다른 동기생 14명과 함께. 그는 나의 기대에 어긋나지 않게 우수하고 탁월한 능력을 보여주었다. 나는 그를 직접 지도하였고 나중에는 그가 결혼할 때 주례까지 섰다. 그렇게 우미에 자리 잡은 그는 지금 우미의 핵심간부(전무)로 일하고 있다.

나는 대학교에 직접 찾아가 특강 형식을 빌려 우미를 알리고 장학금을 주는 등 우수 인재를 유치하려 애썼다. 광주·전남 지역 기반의 회사이기에 전남대학교와 조선대학교에 집중된 것은 어쩔 수 없는 상황이었다. 그리고 회사가 커지고 수도권으로 자리를 옮긴 이후에는 지역을 뛰어넘어 전국을 대상으로 좋은 인재를 영입하고 있다. 이름난 대기업의 우수한 사람들을 경영자문에서부터 간부사원으로까지 영입한 사례는 이미 앞에서 밝힌 바 있다. 이렇게 인재를 발굴하고 육성하는 데 최선을 다 하는 것은 인재경영이야말로 미래경영임을 믿기 때문이다.

복무요령 - 좋은 기업을 위한 행동지침

지금까지 내가 생각하고 실제로 적용한 몇 가지 경영방침을 소개하였다. 그밖에 우미의 기업문화와 경영자의 생각을 알 수 있는 것으로 '복무요령'이라는 게 있다. 경영방침이 현실적으로 경영자의 생각과 신념이라면 복무요령은 임직원들이 실천해야 할 세부 근무지침이라 할 수 있다. 이것은 내가 새로운 사훈을 제시하여 규율과 체계를 세우기 위해 만든 것인데 '일일결산 철저'와 '나보다는 우리를'이 그것이다. 후자인 '나보다는 우리를'은 창립 초기에 사훈으로 정했던 것인데 복무요령으로 전환하여 그 정신을 이어가기로 하였다.

복무요령에 대해 솔직히 밝힐 것이 있다. '복무요령'이라는 용어 자체가 군대의 냄새가 난다고 생각할 것이다. 그렇다. '일일결산 철저' 또한 내가 군에 있을 때 당시 2군 사령관이던 박 모 장군이 강조했던 것이다. 모두 어려운 여건 속에서 좋은 부대를 만들고 강한 육군을 만드는 것을 보고 크게 느낀 바가 있어 원용한 것이다.

좋은 군대를 만드는 것이나 좋은 회사를 만드는 것이나 그 구성원들이 지켜야 할 지침은 크게 다를 바가 없을 것이다.

▶ **일일결산 철저**

'일일결산 철저'란 하루 동안 수행한 업무를 정리, 분석하고 다음 할 일을 생각한다는 의미다. 매일매일의 일처리를 확실하게 해놓지 않고 소극적으로 기억에만 의존하게 되면 일의 순서와 절차를 잊게 되고, 모든 것을 다시 되풀이해야 하는 일마저도 발생하게 된다. 그리고 무엇보다도 지금 하고 있는 일이 어느 정도 진척되어 있으며 앞으로 어떤 절차와 단계를 밟아야 할지 알 수 없게 되는 것이다.

또한 맡은 바 일을 성실히 수행하고 나면 반드시 과제나 개선해야 할 점도 발견하게 되는데, 이에 대한 방안을 강구하다 보면 자연스럽게 창의력을 발휘할 수 있는 길이 열리게 된다. 하루의 일을 확실하게 매듭짓고 이를 기록으로 남겨 놓으면 언제라도 찾아서 활용할 수 있기 때문에 '일일 결산'은 반드시 필요하다. 이는 억지로 할 것이 아니라 자발적이어야 하며, 일상습관화 되어야 한다.

'일일결산 철저'라는 복무지침은 언뜻 보기에 촌스럽다고 생각할 수 있다. 또는 금융기관 직원들의 복무지침으로 제격이라는 생각도 들 것이다. 그러나 내가 이것을 복무지침으로 정한 데는 그만한 이유가 있다. 건설회사 특유의 문화를 경계해서다. 건설이란 아무래도 전자산업처럼 정밀한 분야가 아니기 때문에 자칫하면 얼렁뚱땅 넘어가기 쉬운 풍토가 조성되기 쉽다.

나는 직원들에게 "훌륭하게 성장하려면 그날 할 일을 아침에 생각해보고 그날 정리하는 습관이 필요하다"고 강조한다. 이는 나 자신의 경험에서 우러나온 것으로 어찌 보면 경리장교로 일하면서 그것이 습관화됐는지 모르겠다.

일일결산을 철저히 하게 되면 사고를 미연에 방지하는 데도 큰 도움이 된다. 가끔 뉴스에서 보듯이 건설현장에서 일어나는 단 한 번의 사고로 회사가 휘청거리게 되므로, 일일결산은 단순히 하루를 결산한다는 것을 넘어 회사의 성패를 좌우하는 중요한 사항이다.

일일결산을 철저히 한다는 것은 단순히 하루를 잘 마무리한다는 차원을 뛰어넘는 것이다. 그것에는 훨씬 더 깊은 삶의 원칙이 숨어 있다. 일일결산은 하루를 결산함과 더불어 자연스럽게 내일을 꼼꼼히 준비하는 것으로 옮겨간다. 철저한 일일결산은 오늘 할 일을 내일로 미루지 않는 것을 의미한다. 똑같은 실수를 반복하지 않겠다는 반성의 의미도 된다.

하루를 반성하고 결산하며 더 나은 내일을 준비하다보면 자연스레 적극적인 자세가 되고 그것은 곧 창의적인 업무자세와 연결된다.

'일일결산철저'를 말하다보니 떠오르는 것이 있다. 무엇이든지 꼼꼼하고 철저하게 해야 한다는 나의 신념에서 비롯된 것으로 각종 체크리스트와 업무매뉴얼이 있다. 예컨대, '최종 시공도서 작성'(상품개발팀), 'PQ심사 신청서'(공공영업팀), '수주정보보고'(도시개발팀), '분양보증서 발급'(마케팅팀), '사업성 판단기준'(개발사업팀) 등의 체크리스트와 각 부서별 업무매뉴얼이 그것이다.

특히 체크리스트는 대부분 내가 수없이 수정보완을 거듭하며 직접 만들었는데, 이렇게 체크리스트와 업무매뉴얼을 중시하는 까닭이 있다. 건설회사의 업무특성상 자칫하면 주먹구구로 일을 처리하게 되고 그러다보면 허점이 발생하여 결정타를 맞을 수 있기 때문이다. 따라서 사업성판단이나 택지매입 등 회사의 주요방침을 정하거나 사업을 수행할 때 잘 정비된 체크리스트와 매뉴얼을 가지고 점검하면 실수를 미연에 방지할 수 있다. 그뿐 아니라 업무담당자나 책임자가 바뀌더라도 일관성 있게 업무를 처리할 수 있는 것이다.

이런 체크리스트와 매뉴얼은 매년 수정과 보완을 거듭하여 업데이트함으로써 회사의 업무시스템에 빈틈이 없도록 하고 있다.

▶ 나보다는 우리를

'나보다는 우리를'이란 개인보다는 조직원으로서의 역할을 강조한 말이다. 나는 해마다 신입 직원들을 모아놓고 "자기계발은 자기가 맡은 일을 적극적이고 능동적으로 수행하는 것이지만, 결국은 회사 전체의 성공으로 이어질 때 가치가 있다"고 강조한다.

즉 직원 개개인의 노력은 회사 전체의 성공으로 이어지며, 직원 개개인도 자기 능력을 계발하는 데 있어 멀리 있는 특별한 기술을 익히는 것이 아니라 맡은 바 업무를 철저히 해나갈 때 진정한 능력계발이 된다는 말이다.

이는 회사에 대한 맹목적인 충성을 요구하는 말이 아니다. 원칙 없이 맹목적인 충성만을 생각하는 사람은 오히려 회사에 손실을 줄 수 있다. 따라서 공과 사를 철저히 구분하되 진정 회사가 필요로 하는 것이 무엇인지를 깨달아야만 훌륭한 조직원, 즉 훌륭한 사원이 될 수 있다는 의미다.

나보다는 우리라는 공동체를 먼저 생각해야 새로운 정보도 조직원들 상호간에 공유하게 될 것이고 그래야 더욱 더 개인의 발전에도 도움이 될 것이다. 새롭고 가치 있는 정보가 있어도 능동적으로 생각하지 못하거나 창의력이 없는 사람은 그 중요성을 알지 못한다. 간부직원들의 경우 권위와 강압으로 부하직원의 창의력을 무력화하거나 다른 사람의 공을 자기 것으로 가로채려고 하는 경우도 있는데 이러한 것들은 회사의 구성원으로서 부적격한 것이라 하겠다.

특히 하급직원보다는 실무를 책임지는 비중 있는 간부직원들이 조직의 중요성을 깨닫고 그에 상응하는 처신을 해야 한다. 업무상의 오류나 실책 등이 지휘자의 무능 또는 무책임에 기인하는 경우가 많기 때문이다.

나는 직원들에게 철저한 '국가관'을 가지라고 설파하는 경우가 많은데, 기업경영자 치고는 좀 드문 광경일 것이다. 이는 내가 특별한 애국자라서 그렇게 하는 것이 아니다. '나보다는 우리를' 생각하는 최고의 것이 바로 바른 국가관이라고 보기 때문이다. 해야 할 일과 해서는 안 되는 윤리적 범주를 국가의 차원에서 생각하게 되면 결코 법을 어기면서 경영하는 일은 없을 것이다.

이렇게 '우리'라는 공동체를 생각하며 '회사를 위해 일하겠다'는 정신자세가 있어야 회사를 반석 위에 올려놓을 수 있다. 그리고 그것이 궁극적으로 더 크게 자신을 발전시키는 길이 될 것이다.

확신하건데 우미가 지금까지 많은 어려움 속에서도 큰 흔들림 없이 꾸준히 성장할 수 있었던 건 회사가 초창기부터 한눈팔지 않고 공동주택 부문에 전력투구를 했던 것에 더해, '나보다는 우리를'을 실천한 임직원들의 애사심愛社心 덕분이라고 본다.

우미의 정신이 함축된 사가社歌

지금까지 '나와 우미의 경영원칙'이라는 제목으로 이야기했다. 길게 설명했지만 아마도 이 부분을 집약하여 표현한 것으로 '사가社歌'를 꼽을 수 있을 것이다. 회사가 어느 정도 틀을 잡아가던 1990년대 후반에 나는 우미의 임직원들이 늘 마음에 담아야 할 정신과 경영의 원칙을 사가로 표현하고자 했다. 그래서 외환위기로 어려움을 겪던 1998년, 임직원들을 대상으로 사가를 공모하였다. 그런데 썩 마음에 드는 작품이 나오지 않았다.

나는 어떻게 사가를 만들 것인지 틈나는 대로 생각을 정리하다가 외환위기를 완전히 극복해낸 2002년에 직접 글을 지었다. 그러고는 우리나라의 대표적 가곡 중 하나인 '그리운 금강산'을 비롯해 삼성그룹의 사가도 작곡한 최영섭 선생에게 곡을 부탁했다. 그렇게 완성된 것이 오늘날 우미의 사가다. 그렇게 온 마음을 쏟아 정성을 다해 만든 것이기에 지금도 사가를 들으면(우미는 매일 점심시간과 퇴근시간을 알릴 때 사가를 방송으로 보낸다) 나는 뭉클한 마음으로 감회에 젖는다. 그때 내가 지은 가사는 이렇다. 짧은 노래지만 내가 무엇을 추구하는 지 함축되어 있다고 본다.

새벽의 맑은 정기 머리에 담고
날마다 거듭나는 보람을 안아
창의와 노력으로 한 데 뭉쳐서
나가자 힘차게 세계를 향해
큰 바다 풍랑도 헤쳐가자 우미의 패기 찬 기수
아~ 아! 영원히 빛나리 신뢰의 우미

우 미 사 가

우 미 작사
최 영 섭 작곡
활기있고, 장엄하게, 보통속도로
mf
새 벽의 맑은 정기 머 리에 담-고
f
날 마 다 거듭 나는 보 람을 안-아
mf
창 의와 노력으로 한 데뭉 쳐 서
f
나 가-자 힘 차-게 세 계를 향-해
패기넘치게
f
큰 바다 풍랑도 헤쳐가자 우 미 의 패 기찬 기-수
ff
f
ff
아! - 아! 영 원 히 빛 나 리 신 뢰의 우 미

3부

인생 이야기

어린 시절과 군대 시절

어린 시절 이야기

자전적 이야기를 풀어가면서 먼저 창업 이야기와 경영 이야기부터 풀어놓았다. 이 책을 쓰는 이유도, 오늘의 내가 존재하는 이유도 결국은 우미의 창업을 떼어놓고는 설명할 수 없기 때문이다. 글을 읽으면서 아마도 독자들의 머릿속에 '이광래'에 대한 어떤 이미지가 그려졌을 것이다. 때로는 두려움을 모르는 도전적인 사람으로, 때로는 치밀하기 그지없는 사람으로, 그리고 때로는 남들이 가지 않는 길을 가려는 고집스런 집념의 사람으로, 때로는 아주 깐깐하고 원칙을 강조하는 사람으로 말이다. 어떤 모습으로 비춰졌을지라도 그 바탕에는 내가 살아온 삶의 자세와 발자취가 은연중에 나타난 것이라고 본다. 그래서 이제부터는 나의 어린 시절, 그리고 창업의 동력이 된 군대 시절의 이야기를 하려고 한다.

한 인간의 행동에는 역사가 숨 쉰다. 나는 그렇게 믿는다. 한 사람의 말하는 것을 듣고, 인품을 보고, 일하는 것을 보면 살아온 역사가 배어 나온다는 의미다. 내가 창업을 하고 여기까지 이른 데는 그것이 성공의 역사든 실패의 역사든 알게 모르게 숨어 있는 내 지난날의 발자취가 DNA가 되어 꿈틀거렸기 때문일 것이다. 내가 대단한 사람은 아니지만 이쯤에서 나의 개인사를 돌아보는 것도 나름의 의미가 있을 것이다. 이를 통해 내 역사의 뒷면, 행동의 근본, 인간 됨됨이를 미루어 짐작할 수 있을 것이다. 그리고 그것을 더 크게 확대하여 해석해보면 우미라는 기업의 바탕에 흐르는 정신을 유추하고 이해하는 데도 도움이 될 것이다.

*　　*　　*

나는 음력 1933년 11월 8일 전남 강진군 도암면 영파리 팔영부락에서 2남 1녀 중 장남으로 태어났다. 내 집안은 고려 말의 대학자인 익재益齋 이제현李齊賢 선생의 후손으로 본관은 경주慶州다. 조상 대대로 전남 장성과 진도에서 거주해왔는데, 아버지께서 강진으로 터전을 옮겼다고 한다.

나의 어린 시절은 그런대로 유복했다. 당시 아버지이부귀, 李富貴와 어머니김장금, 金張金가 큰 규모의 잡화상점을 운영하였기에 생활이 넉넉했다. 오늘날의 경제 상황과 비교하면 형편없는 수준이지만 그 당시에 유치원에 다닐 정도였다면 풍족하고 여유로운 어린 시절이었음에 틀림없다.

유복했던 어린 시절, 그리고 가난

그러나 그것도 잠시, 곧 세상살이의 풍파와 고단함을 겪어야만 했다. 내가 6세가 되던 해인 1939년에 아버지가 지병으로 돌아가시면서부터 가정형편이 급격히 어려워지기 시작했다.

우리 가족의 주요 수입원이던 상점이 기틀을 막 잡아가던 때에 그런 일이 벌어져 큰돈을 모으지 못했고 그나마 과중한 의료비를 부담하느라 가산이 금세 소진되고 말았다. 그때부터 가계가 급전직하하여 흉년에는 죽을 끓여먹기도 어려운 형편이 되었고, 그리하여 어머니가 이웃 동네를 떠돌면서 보따리 행상으로 가족을 부양해야 했다. 어린 3남매만을 집에 남겨두고 행상을 다니기가 어려웠던 어머니는 온 식구와 함께 인근 동네인 도암면 영파리에 있는 외가로 거처를 옮겼고, 그때부터 나와 동생들은 외가에서 지냈다.

외가에는 외할머니 홀로 열세 마지기의 농사를 지으며 어려운 살림을 꾸렸다. 어린 나이에 그나마 다행스러웠던 것은 외할머니의 극진한 사랑과 보살핌을 받았다는 점이다. 당시 외가에는 나와 동갑내기인 외사촌 형이 있었지만 외할머니는 외손자를 더 사랑하는 것 같은 생각이 들 정도로 나를 극진히 보살펴주셨다. 아마도 남편을 여읜 딸과 아버지 없는 외손자들이 안쓰러웠기 때문일 것이다.

식사 시간이 되면 언제나 양 볼에 밥을 가득히 넣고 먹는 어린 외손자를 지켜보면서 그 모양이 재미있다며 귀여워했고, 밥그릇에 붙은 밥알을 떼어먹지 않는 것을 나무라기보다는 "성격이 호방하여 장래에 큰 사람이 되겠다"며 기를 꺾지 않았다. 옛날에는 밥알을 그릇에 붙여 남기면 어른들이 꾸중했다. 그만큼 쌀이 귀하고 가난했던 시절이었기 때문이다. 이를 통해 어린 시절부터 아랫사람을 늘 아끼고 격려하는 것이 얼마나 좋은 일인지가 내 뇌리에 깊이 각인되었다는 생각이다.

외할머니의 사랑 속에서 성장

외할머니는 특히 자식들을 위해 '칠성공七星供'을 많이 드렸는데, 절에도 자주 갔지만 집에서도 항상 정화수를 떠놓고 내 어머니와 외손자들을 위해서 치성을 드리곤 했다. 칠성은 원래 도교에서 말하는 북두칠성의 일곱 신을 말하는데 우리나라에서는 일찍이 절에서 '칠성각'에 신을 모심으로써 신앙이 이어졌다. 특히 칠성 가운데 '탐랑'은 자손들에게 복을 주는 신이다.

외할머니는 집에서 5리가량 떨어진 강진군 도암면 만덕리에 있는 백련사白蓮寺, 만덕사라고도 한다에 다니면서 부처님께 간절히 기도를 올리곤 했다. 백련사는 서기 839년 신라 문성왕 때 창건되었고 고려 시대에는 80여 칸의 대가람이었으며, 불교의 백련결사白蓮結社 운동이 일어나는 등 영향력이 큰 사찰이었다. 절 주위에 천연

기념물 제151호로 지정된 동백림이 있어 경관이 뛰어나고, 인근에는 조선 시대 학자인 정약용 선생이 유배생활을 했던 다산초당茶山草堂이 있는 곳이기도 하다.

외할머니는 절에 갈 때마다 어린 나를 데리고 가셨다. 어린 나이에 5리가 먼 길이기는 했지만 나는 외할머니를 따라 절에 가기를 좋아했다. 왜냐면 스님들이 먹을 것을 주며 나를 귀여워했기 때문이다.

외할머니는 절의 법당에 엎드려 자손들을 위한 칠성공을 드렸는데 친손자와 외손자, 외손녀들의 이름을 줄줄이 되뇌며 치성을 드리던 모습이 아직도 눈에 생생하다. 이런 환경 탓인지 나는 일찍부터 사찰 특유의 종교적 분위기에 익숙해졌다. 비록 내가 종교에 깊이 심취하지 않았고 지금도 특정 종교를 믿지는 않지만 어린 시절 익힌 불가의 분위기는 나의 정신과 일상생활에 알게 모르게 평생 작용해왔음을 부인하지 못한다.

나는 그 포근하고 인자했던 외할머니를 잊지 못한다. 외할머니 없이는 오늘의 나도 없을 것이라는 생각을 할 정도다. 나는 1994년에 외할머니의 고마움에 조금이나마 보답하고 은덕을 기리는 의미에서 외할머니의 선산을 마련했다. 그리고 외할머니의 손자인 외사촌의 집안을 후원해주는 것으로 외할머니의 고마움에 조금이나마 보답하려 했다. 또한 백련사에도 석등을 기증하였는데 다음은 석등을 시주하면서 남긴 글이다.

백련사에 기증한 석등.

석등을 기증하면서

어린 시절 외조모님의 손을 잡고 이곳 백련사에 와서 불공을 드렸던 기억이 머릿속에 깊이 새겨져 있었습니다. 그 후 백련사를 찾게 되면 외조모님의 지극한 사랑과 불공드리던 모습을 잊을 수 없어 이곳에 석등과 돌거북(우물)을 기증합니다.

불기 2538. 11. 30

우미건설 회장 이광래

초등학생 시절, 선생님의 사랑

외할머니의 사랑은 나로 하여금 가족 간의 사랑이 얼마나 소중한 것인지, 더 나아가 세상을 자비로운 마음으로 대하는 것이 얼마나 가치 있는 것인지를 가슴 깊이 심어주었다. 그런 마음은 어린 시절에도 내 마음 한구석에 있었던 것 같다. 그랬기에 초등학생 때도 난 무엇인가 남에게 도움이 되는 사람이 돼야겠다고 늘 다짐했던 것으로 기억한다.

나의 초등학생 시절에 잊지 못할 또 하나의 추억이 있는데, 그것은 6학년 때 담임을 맡았던 윤순철 선생님의 많은 관심과 애정이었다. 당시 선생님은 학교에 부임한 지 얼마 되지 않은 아주 젊은 분으로, 성실하고 친절한 인품 때문에 많은 학생들과 학부모로부터 존경을 받았다. 그 선생님은 종종 나를 따로 불러서 여러 가지 조언과 격려를 아끼지 않으셨고 만날 때마다 연필이나 공책 등 학용품을 내 손에 쥐어주곤 했다.

우리 집이 몹시 가난한 데다 학업성적이 뛰어난 것도 아니었는데 선생님이 왜 내게 특별히 관심을 가지고 사랑을 주었는지는 지금도 알 수가 없다. 단지 그저 어린 마음에 선생님의 배려가 너무나 고맙고 따뜻했었다. 선생님이 내게 관심을 가질 만한 것이라고는 주산을 배울 때 남들보다 열심히 했다는 것 말고는 없는 것 같다.

어쨌거나 나는 주산에 그런대로 탁월한 실력을 보였다. 돌이켜 보면 어렸을 때 주산을 잘한 것이 나중에 경리장교로 복무하는 데 큰 도움이 되지 않았나 싶다. 원래 주산을 잘하는 사람들은 보통 사람들이 이해하기 어려울 만큼 수리에 밝기 때문이다. 실제로 나의 주산 실력은 경리장교 때뿐만 아니라 회사를 운영하는 데도 큰 보탬이 됐다고 생각한다. 나는 기억력에 자신이 있는 편인데 특히 숫자에 대한 기억이 비상하다고 스스로 자랑스러워할 정도다.

초등학생 시절 이야기 중에 기억나는 것이 하나 더 있다. 졸업식 날, 전교생을 모아 놓고 교장 선생님의 훈화가 있었는데, 그 내용이 평생 잊지 못할 금언으로 나의 뇌리에 남아 있다. 기억나는 내용은 다음과 같다.

"천재는 요점만 기억하는 능력이 있기 때문에 항상 놀면서도 시험성적이 좋지만, 수재는 그런 능력보다는 성실함이 우수하기 때문에 열심히 공부해서 성적을 올린다. 그러나 수십 년 후 사회에 나갔을 때, 천재와 수재의 위치는 서로 뒤바뀌어서 천재는 결코 수재를 따라가지 못할 것이다."

어린 마음에도 '천부적인 재능'보다 '후천적인 노력'이 더 중요하다는 교장 선생님의 말이 깊이 있게 들렸다. 그 이후 공부를 하거나 사회생활을 하거나 회사를 운영하면서도 틈틈이 이 말을 되뇌곤 한다. 그래서 우리 회사의 직원들을 비롯해 사람을 평가할 때 나는 학력을 별로 중요하게 생각하지 않는다. 성실하게 끊임없이 공부하며 더욱 성장하려 노력하는 사람을 좋아한다. 그런 사람이 진짜 인재라고 보는 것이 나의 '인재관'이다.

중학생 시절, 어머니의 사랑

그렇게 초등학생 시절을 보내고 중학교에 진학해야 할 시기가 되자 막연하게 가정형편이 어렵다고 느꼈던 것이 점점 현실적이고 구체적인 느낌으로 다가왔다. 중학교는 초등학교와 달리 학생복이나 학용품에 비용이 더 들고 이것저것 여러 가지 납부금이 있기 때문이었다. 당시 내 주변에는 가정형편으로 인하여 중학교에 진학하지 못하는 친구들이 많아 나도 가정형편이 은근히 걱정스러웠다. 그래서 중학교에 진학하게 되면 무슨 일이든 해서 어머니와 외할머니를 돕고 싶었지만 어린 나이에 할 수 있는 돈 벌 일이 있을 리 만무했다. 그때부터 나는 소위 '가난'의 실체를 깊이 인식하기 시작했다.

중학교에 입학하긴 했으나 어려운 가정형편으로 인해 공부에 매진하지 못했다. 그 시기에 한 일이라면 휴일에 땔나무를 하러 산에 오르기였다. 당시 각 집마다 땔나무는 필수품으로 어느 집에나 나무를 하러 다니는 사람이 있었다. 나는 산에서 땔나무를 모아 등짐으로 지고 내려와 집 뒤뜰에 쌓아놓을 때 유난히 뿌듯한 느낌을 받았다. 내 힘으로 외할머니에게 도움이 되는 일을 했다는 보람을 느꼈기 때문이다.

방학 때면 거의 매일같이 땔나무를 하러 다녔고 더러는 나무를 시장에 내다 팔기도 했다. 중학생이 해온 조그만 나뭇짐이라 큰 돈이 되지는 않았지만, 나의 힘으로 학비를 조금이나마 보탤 수 있다는 것이 기뻤고 어머니와 외할머니 역시 그러한 나를 대견해 했다.

내가 외가를 떠난 것은 중학교 2학년이 되어서다. 자식들도 어느 정도 자란 데다 행상으로 생활에 조금이나마 안정을 찾은 어머니가 강진읍에 사글세방을 마련했기 때문이다. 그러나 강진읍에서의 생활도 어렵기는 마찬가지였다. 끼니를 해결하는 데 외가의 힘을 빌리지 않는다는 것 외에는 오히려 더 열악한 환경이었다.

어렵게 중학교를 마친 나는 이번에는 고등학교 진학으로 고심해야 했다. 당시에는 어지간히 가정형편이 좋아도 고등학교에 진학하는 학생들이 많지 않던 시절이다. 혼자서 집안 살림을 해결해야 하는 어머니에게 생활비 외에 3남매의 학비를 부담하는 것은 보통 고생이 아니었을 것이다. 정확히 모르기는 해도 극히 어려웠을 때는 또 외할머니의 지원을 받지 않았을까 짐작할 뿐이다.

어머니 환갑잔치 때 가족들과 함께. (가운데부터 시계방향으로) 어머니, 아내, 딸 이혜영, 장남 이석준, 나, 차남 이석일.

그토록 힘겨운 상황에서도 어머니는 자식들에 대한 사랑과 교육열이 유달리 강했다. 내게 반드시 고등학교에 진학해야 한다고 말씀하셨고 이를 위해 더욱 열심히 행상에 나섰다. 나이가 들어 생각할수록 어머니의 고생과 사랑에 저절로 머리를 숙이게 된다.

고등학생 시절, 장사를 배우다

1949년 17세가 되어 나는 강진농업고등학교에 입학하였다. 그때부터 틈틈이 시장에 나가 잡화를 팔거나 품팔이를 하며 가사를 도왔다. 그러나 장사에 익숙하지 않은 고등학생이 하는 장사 수준이 오죽했겠는가. 학업 중에 틈틈이 하는 품팔이인지라 벌이가 시원치 않아 실제로 가사에 별 보탬이 되지는 못했다. 더구나 이듬해에 6·25전쟁이 일어났으니 식구들의 생활고는 더욱 가중되었다. 어머니의 행상 역시 전쟁으로 인해 물자 조달이 어려워져 잡화 대신에 민간에서 조잡하게 만든 담배를 팔아 하루하루 끼니를 해결하는 처지였다.

그렇게 3년의 세월이 흘렀다. 돌이켜 보면 3년의 기억은 전쟁과 고생밖에 없었던 것 같다. 1952년 3월, 나는 고등학교를 졸업했으나 전쟁이 아직 끝나지 않은 탓에 세상이 어수선한 상황이었다. 매사에 조심하고 행동이 신중해서 사글세집 주인아주머니로부터 '착실한 학생'이라고 칭찬을 받곤 했지만 당시 상황이 누구를 막론하고 살기 어렵던 터라 꽤 높은 학력이었던 고교 졸업장도 취업에는 전혀 쓸모가 없었다. 하지만 고등학교까지 마쳤는데 마냥 손 놓고 무위도식할 형편도 아니었다. 체면 불구하고 나는 시장에 나가 성냥과 담배 등을 파는 행상을 시작했다. 강진읍의 5일장이 주요 무대였는데 인근의 해남을 비롯한 여러 지역의 5일장들을 찾아 나서기도 했다.

이른 아침부터 시장을 돌아다니며 행상을 하던 나는 주변의 지역상권이 의외로 넓게 형성된 것을 알 수 있었다. 그리고 시장과 시장을 거친 물건들이 시골 궁벽한 곳까지 유통되는 체계를 보았고 그 과정에서 이익이 난다는 사실도 구체적으로 이해할 수 있게 되었다. 상업에 눈을 뜨기 시작한 것이다. 특히 한 푼이라도 더 벌어보려고 발로 뛰는 근면한 상인들을 보면서 삶에 대한 여러 단면들을 새로이 생각할 수 있었다. 인생, 즉 삶의 형태에 대해 깊은 관심을 갖는 계기가 된 것이다.

행상은 내가 장사를 알고 세상살이를 배우는 좋은 계기였지만, 사실 그것은 나중에 내 인생역정을 돌아봤을 때 느낀 것이다. 당시로써는 그런 긍정적인 측면을 생각하기보다는 가난과 고생스러움에 힘들었던 것만 기억났던 것 같다. 강진 5일장에서의 행상은 사실 고생만 많이 했을 뿐 집에는 큰 도움이 되지는 못했기 때문이다. 그래도 집 주인아주머니의 칭찬은 '착실한'에서 '끈기 있고 당찬'으로 바뀌었다. 그만큼 내가 성장했다는 것을 의미하리라.

나는 좀 더 큰 곳으로 나가 살길을 찾아야겠다고 생각했다. 그래서 어머니를 설득해 인근에서 가장 큰 도시인 광주로 이사를 했다. 큰 도시로 가면 일자리를 쉽게 구할 수 있겠다는 막연한 희망 때문이라기보다는 앞으로 본격적으로 행상을 해서 생활을 영위해야겠다고 생각했기 때문이다. 그 정도로 난 장사는 물론이요 세파를 헤쳐 나가는 데 어느 정도 자신감이 생겼다. 광주로 이사한 후, 1년여 동안 나는 성냥이나 로션, 치약, 비누 등 생활용품 잡화상으로 시장을 휘젓고 다녔다.

그때 기억으로 남는 것이 하나 있다. 처음으로 다방에서 커피를 마셔본 기억이다. 행상을 하다가 광주 시내에서 오랜만에 고향친구를 만났는데 그가 다방에 가자고 해서 광주극장 옆에 있는 '새마음다방'이란 곳에 갔었다. 그곳에서 난생처음 커피를 마셔본 것이다. 요즘에는 온 국민이 즐겨 마시는 커피지만 당시는 귀한 음료로 취급받을 때였다. 어쩌다 미군부대를 통해 흘러나오는 인스턴트커피조차 신기하고 귀하게 여기던 때였다. 그러나 처음으로 맛본 커피는 내겐 그냥 입에 쓰기만 할 뿐, 무슨 맛으로 이걸 마시는지 이상하게 여겨졌다. 더구나 친구에게 물어보니 커피 한 잔 값이 보리 한 되 값이라고 해서 나는 더 놀랐다. 내겐 처음으로 커피를 마셔봤다는 기쁨보다 보리 한 되를 갈아 죽을 쑤어 먹으면 다섯 식구가 두 끼 정도는 해결할 수 있을 것이라는 생각에 커피 한 잔 값이 너무 아깝다는 생각만이 가득했다. 그래서 속으로 다시는 다방에서 커피를 마시지 않겠다고 맹세했다. 물론 그 맹세는 훗날에 깨졌지만.

학업을 포기하고 서울로

광주에서 행상을 하면서 나는 도시생활에 눈을 떴다. 고등학교를 졸업했지만 농업고등학교였다. 집안에 농토도 없으니 농사를 지을 일도 없을 것 같았고, 지금처럼 행상을 해봤자 하루하루 입에 풀칠하기도 빠듯하여 늘 제자리걸음을 면키 어렵다는 것을 느꼈다. 그래서 내심 대학에 진학해야겠다 생각했고, 이를 위해 인문계 고등학교로 편입하자는 결심을 했다.

사실 당시 상황에서 대학에 진학한다는 것은 사치스런 목표였다. 고등학교를 다닌 것도 과분한데 대학에 다닐 경제적 여유가 없었을 뿐 아니라, 이제는 어엿한 청년으로서 학업보다는 집안의 생계를 책임져야 할 입장이었기 때문이다. 무엇보다 아직도 피눈물 나게 고생하는 어머니에게 면목이 서지 않았다.

공부는 하고 싶은데 집안도 도와야 하고…. 여러 고민 끝에 나는 결정했다. 낮에는 돈을 벌고 밤에 공부를 하면 되겠다고. 즉, 돈을 벌면서 공부도 계속하리라 결심했던 것이다. 나는 곧바로 야간인 숭일고등학교 3학년에 편입하였다. 말이 편입이지 요즘처럼 입학을 위한 절차가 까다로운 것은 아니어서 등록금만 있으면 프리패스였다. 그렇게 편입을 하고는 낮에는 장터에서 좌판을 열고, 밤에는 공부하는 생활이 시작되었다. 물론 힘든 나날이었다. 시장에서 물건을 파느라 지친 탓에 밤에 공부가 제대로 될 리 없었다. 글자가 머리에 들어오기보다는 피곤함 때문에 책상머리에 앉아 꾸벅꾸벅 졸기 일쑤였다. 영양상태도 부실했던 터라 몸은 지칠 대로 지쳐갔고, 그러다 보니 돈도 벌며 공부를 하겠다던 처음의 굳은 결심도 서서히 사라졌다.

대학 진학을 목표로 두 가지 일을 감당해야 했던 나는 세상살이가 만만치 않다는 것을 새삼 깨달았다. 게다가 하루하루 생활하기도 벅찬 상태에서 설령 대학에 진학한다 해도 학교를 잘 다닐 수 없을 것 같았다. 일단 학자금을 어떻게 감당한단 말인가. 이런저런 궁리로 고민했던 나는 어머니에게 다른 결심을 밝혔다. 일단 학업을 포기하고 서울로 가겠다고. 그곳에서 돈을 번 다음에 대학을 가야겠다고 말이다.

1954년이 저물어 가던 겨울, 나는 어머니의 걱정스런 눈길을 뒤로한 채 서울행 완행열차에 몸을 실었다. 서울에는 친척은커녕 아는 사람이 한 명도 없는 곳이었다. 막연히 "말을 낳으면 제주도로, 사람을 낳으면 서울로 보내라"는 어른들의 옛말대로 서울로 가면 무엇인가 일이 풀릴 것 같았다. 서울은 우리나라에서 가장 큰 도시이니 아무래도 일자리가 많을 것 같았고, 사람들이 많아서 무엇을 해도 돈 벌기가 좋을 거라는 생각에 서울로 올라간 것이다. 그러나 서울에 도착하는 즉시 먹고 자는 것부터 큰 문제가 되는, 말 그대로 무작정 상경이었다. 내 주머니에는 그동안 시장에서 행상을 하며 모아놓은 약간의 여비만 있었을 뿐이다.

서울에 도착한 후, 서울역 부근의 여인숙 한 곳을 숙소로 정했다. 숙소를 중심으로 아무 행상이나 닥치는 대로 해나갈 생각이었다. 여인숙의 상황은 말이 아니었다. 작은 방 하나에 심한 경우 열 명에서 열다섯 명까지 살았으니 빈민수용소나 다를 바 없었다. 방 한구석에 처박혀 새우잠만 자고 바로 나와야 하는 생활이었지만, 그래도 어떻게 해서든 돈을 모아 대학에 가겠다는 일념 하나로 견뎌냈다.

서울에서 내가 처음으로 시작한 것은 빵장사였다. 남대문 도매 시장에서 빵을 가져다가 서울역 부근의 짐꾼들에게 파는 것이었다. 그것도 여의치 않은 날에는 지게 품팔이를 하거나 건축공사 판에서 벽돌을 날랐으며, 쌀집에 줄을 대고 쌀가마니를 나르는 일도 했다. 당시 쌀가마니는 지금과 같은 소포장이 아닌 60kg짜리였는데 쌀가마니를 지고 오르막길을 오르면 숨이 콱콱 막히며 육체적으로 매우 힘들었다. 서울의 길은 시골과 달라 어디에도 지게를 받쳐놓고 쉴 곳이 없어 더욱 힘들었다. 한번은 짐을 맡기신 70대 어르신이 땀을 뻘뻘 흘리며 힘들어하는 내 모습을 보고 "학생, 고향이 어디인가?" 묻고는 마침 동향이라며 짐삯 3,000환에 2,000환을 더 줬던 일도 있다. 지금도 그 고마움을 잊을 수가 없다.

하지만 서울의 상황은 무작정 상경할 때 예상했던 것과 달랐다. 새벽부터 일어나 저녁 늦게까지 일을 했는데도 수입은 늘 별로였다. 그도 그럴 것이 전쟁이 막 끝난 시점이라 어수선한 때였고 끼니마저 제대로 해결하는 사람들이 많지 않은 시절에 행상이 잘될 리 만무했던 것이다. 하루하루가 힘겨웠다.

드디어 군에 가다

그렇게 세월이 흘러 겨울이 지나가고 봄이 시작될 무렵, 어머니로부터 연락이 왔다. 입대영장이 나왔다는 것이다. 당시 군대는 지금과 비교가 되지 않을 만큼 혹독했다. 입대할 때는 가족과 눈물의 이별을 할 때다. 반쯤 죽으러 가는 것 같은 분위기였다. 그러나 나는 영장이 나온 것이 오히려 다행이라는 생각이 들었다. 생활고가 너무나 극심했기 때문이다. 군대에서는 적어도 세끼 밥은 먹여주고 옷은 줄 테니 생활고는 없지 않겠냐는 것이었다.

아무리 고생해도 나아지지 않는 생활, 이렇게 허송세월로 젊음을 보내느니 하루라도 빨리 국방의 의무를 마치는 것이 낫겠다고 생각했다. 내 인생에서 가장 큰 교훈을 주었던 군대, 많은 것을 배우게 한 군대, 인생의 새로운 출발을 하게 한 군대, 창업의 싹을 틔워준 군대, 그 군대생활은 그렇게 시작되었다.

* * *

추억은 다 아름다운 건가? 돌이켜 보면 어린 시절, 특히 고등학교 때 지독한 고생은 내 인생에서 매우 긍정적인 역할을 했다고 본다. 극심한 생활고를 겪으며 힘든 상황에 처했을 때도 소위 '나쁜 짓'을 하는 불량청소년은 아니었다. 나는 어떻게든지 혹독한 상황을 이겨내려 몸부림쳤고 닥치는 대로 세상과 부딪치면서 고난을 통해 정신도 육체도 강인한 청년으로 성장했다고 믿는다.

행상을 통해 장사를 배웠고, 세상사가 그렇게 간단한 게 아니라는 것도 알았다. 시장터를 누비며 어렵게 사는 사람들에 대한 애정도 깨우쳤고 어떤 상황에서도 나의 길을 개척해나가는 도전 정신도 익혔다. 웬만한 고생은 고생이 아니라 성장을 위한 과정으로 받아들이는 여유도 가질 수 있었다.

나의 고생과 시련은 분명히 훗날 나의 인생에 긍정적으로 작용했음이 틀림없다. 이러한 과정 없이 오늘의 내가 있을 수 없다고 확신한다. "젊을 때 고생은 사서라도 하라"는 말이 있지 않던가.

군대 시절 이야기

1955년 3월에 입대하여 논산훈련소로 들어간 나는 4주간에 걸친 훈련을 받고 대구의 수성교 부근에 있던 교재창教材廠에 배속되었다. 교재창은 군인들의 군사교육용 기자재를 만드는 곳으로 목공작업을 주로 하는 지원부대였다. 힘들고 고통스럽다는 군대생활이지만 나에게는 아주 괜찮은 곳이었다. 더구나 교재창은 전투병과의 일선부대와는 달라서 근무하기에 편한 곳이었다. 나로서는 모처럼 몸도 마음도 편안한 시기였다. 새벽같이 일어나 행상을 하면서 겪은 고생에 비하면 군대생활이 훨씬 편했던 것이다.

행상보다 편했던 군대생활

교재창에서 몇 개월을 보낸 후, 나는 부대에서 실시하는 속기사 교육을 받고 교재창 사령부의 비서실에서 속기사병으로 근무하게 되었는데, 이러한 근무환경의 변화는 나로 하여금 인생의 전기를 찾는 기회가 되었다. 즉, 교재창 사령부는 말단 부대와 달리 수많은 장교들이 근무하고 있기에 자연스럽게 장교들과 접촉할 수 있었고, 그 때문에 이왕이면 장교로 군대생활을 하는 것이 좋겠다는 생각을 하게 된 것이다. 사병으로 군대생활을 마치고 제대를 한다고 해도 막상 해야 할 일이나 직장이 기다리는 것도 아니었으니까 말이다. 사회에 나가 또다시 행상을 하고싶지는 않았다. 그래서 나는 직업군인이 되기로 결심했고 장교를 지원하게 된다.

갑종장교 선발시험에 합격한 나는 사병으로 훈련소에 입소한 지 1년 9개월 만인 1956년 12월부터 6개월간 장교가 되는 훈련을 받았다. 장교훈련은 혹독한 것이었다. 사람들은 사병훈련보다는 편할 것으로 생각하지만 장교훈련이 훨씬 더 힘들었다. 부하를 통솔해야 하기 때문에 당연히 그래야 했다. 특히 한겨울에 얼음을 깨고 물속에 들어가는 훈련이 가장 힘들었다. 처음 3개월 동안은 보병장교 훈련으로 광주보병학교 내의 상무대에서 교육을 받았고 나머지 3개월은 경리장교 훈련으로 당시 경북 경산군 하양읍에 있던 교육기관에서 소정의 교육을 받았다.

2016년 3월 회사에 방문한 경리사관 제10기(1957년) 동기들.

사병에서 경리장교로

훈련을 마친 1957년 7월 6일, 드디어 나는 광주 상무대에서 소위로 임관하였다. 24살의 경리병과 장교였다. 장교가 되는 날이었지만 임관식은 홀로 쓸쓸하게 치렀다. 같은 전라남도 지역이었으나 어머니를 비롯한 가족 누구도 올 수 있는 형편이 못 되었기 때문이다.

임관 후 나의 첫 근무지는 경기도 의정부에 있는 제9지구 경리대였다. 사병에서 장교로의 변화는 나에게 각별한 의미가 있었다. 사병시절에는 시골에 있는 어머니에게 금전적으로 부담을 줄까 두려워 아예 휴가조차도 가지 못할 정도였고, 그렇다고 용돈 등을 집에서 받아 쓸 수도 없는 형편이었다. 그러나 장교가 되니 비록 박봉이기는 하지만 적어도 나의 용돈은 해결될 수 있었고, 또한 절약하며 몇 년 동안 성실히 근무한다면 그런대로 가족들에게도 보탬이 될 수 있을 것이라는 희망이 생겼다. 또한 장교로서 자부심을 가질 수 있었던 데다가 무엇보다도 경리업무가 적성에도 맞아 군생활이 한결 수월했던 것이다.

그 후 전남 광주 1관구사령부 관리참모부, 광주 학동에 있던 급양대(군대의 급식자재를 납품, 조달하는 부대), 충남 논산의 육군병원, 서울 용산의 육군본부 산하 중앙경리단, 2군사령부 인사처, 그리고 강원도의 춘천, 홍천, 화천 등지의 부대를 옮겨 다니며 폭넓은 경험을 쌓아갔다.

경리장교는 돈을 다루는 직책이기에 군의 방침에 따라 수시로 부대를 옮겨야 했지만 나는 주어진 여건을 최대한 활용해 자기계발을 모색하곤 했다. 사관학교 출신이 아닌 나로서는 어쩌면 일찍 제대할지도 모른다는 생각에 제대 후의 일을 미리 대비해야만 한다고 판단했기 때문이다.

비록 바쁜 군대생활이었지만 기회를 만들 수 있었다. 당시 강원도와 경기도 소재의 대학에서는 장교를 위해 토요일 오후부터 일요일까지 강좌를 개설해놓은 곳이 있었는데 그 제도를 활용해 나는 홍익대학교 원주분교의 경제학과 야간과정에 진학하였다. 일반 정규과정에 비교해 강좌시간은 적었지만 리포트를 제출해서 학점을 이수해야 했다. 결코 만만치 않았지만 노력 끝에 대학을 졸업할 수 있었다. 그리하여 고등학교를 마친 후 가슴속에 남아 있던 대학 졸업의 소망을 풀었다. 1965년 2월이었다.

나의 아내를 만나다

나는 중위인 27살 때 논산에 있는 육군병원에서 경리장교로 근무하였다. 병원부대는 일반부대와는 전혀 다른 분위기다. 그곳에는 다수의 여성 군의관을 비롯해 간호장교들이 근무했다. 미혼의 남녀가 함께 근무하다 보니 아무래도 '혼담'의 이야기가 오가게 마련이다. 나 또한 고향이 같은 한 간호장교에게 관심을 가졌다.

그러던 어느 날, 어머니께서 면회를 오셨기에 결혼문제를 여쭈었더니, "네 배우자가 될 사람은 내가 점지해두었으니 한눈팔지 마라"며 엄히 말씀하시는 것이었다.

아마도 요즘 젊은이들은 이런 이야기를 이해하기 힘들 것이다. 결혼은 당사자가 하는 것이지 부모님이 하는 게 아니라며 자신의 주장을 펼칠 것이다. 그러나 그땐 그랬다. 참으로 순진했던 지난날의 추억이다. 결국 나는 어머니께서 점지해주신 아내와 1963년 7월에 결혼하였다. 내 나이 서른이었을 때다.

아내와의 약혼 기념 사진.

군인과 결혼한 아내는 어려운 형편에서도 2남 1녀를 낳아 잘 키우며 50여 년 동안 나를 뒷바라지하느라 참으로 고생이 많았다. 당시 경제적으로 어렵기도 했지만 나의 성격이 깐깐하고 융통성이 없는 편이라 더욱 그랬을 것이다. 더구나 1~2년마다 전후방을 오가며 부대를 옮겨 다닌 탓에 아내는 수시로 이삿짐을 싸며 낯선 곳에 적응해야 했다. 직무에만 몰입하는 성격 탓에 나는 단 한 번도 이삿짐을 챙겨주지 못하고 언제나 아내 혼자서 짐을 싸곤 했다. 그래서 아내는 짐을 싸고 푸는 데는 달인이 되었을 정도다. 그뿐이 아니다. 전방부대에 근무할 때는 상수도 시설이 없어서 먹을 물을 우물에서 길어 와야 했는데, 그 역시 아내의 몫이었다. 나는 단 한 번도 물 긷는 일을 도와준 적이 없어, 옆집에 사는 동료 장교한테 핀잔을 듣기까지 했다.

소령으로 진급해 영관급 장교가 되었을 때도 살림이 크게 나아지지는 않았다. 자녀들이 커가며 그만큼 씀씀이가 커진 데다 지금과 다르게 그때는 영관급 장교도 박봉에 허덕여야 했기 때문이다. 언젠가 살림에 쪼들린 아내가 "물가는 오르고 아이들에게 들어가는 돈도 많은데 이 월급 가지고 어떻게 생활을 하나요?"라고 내게 말했다. 아내가 어디서 돈을 더 가져오라는 것도 아니었고 생활고를 하소연한 것일 뿐인데 나는 위로는 못할망정 "그럼 도둑질해서 돈을 더 가져오란 말이오? 대부분의 대한민국 육군 소령은 모두 이 월급으로 살아간단 말이오"라고 무뚝뚝하게 대답했으니 지금 생각해도 참 멋없는 남편이었다는 생각이 든다.

전방부대 근무 시절 단칸방 생활을 할 때는 이런 일도 있었다. 시험 준비에 몰두하고 있던 나는 2살 된 첫아이가 자꾸 칭얼대며 울기에 시끄럽다며 큰소리를 치고 말았다. 그러고는 공부를 계속하다가 문득 정신을 차려보니 아내가 보이지 않았다. 화들짝 놀라서 밖에 나가보니, 그 추운 밤에 아이를 업고 밖에서 떨며 울고 있던 것이다. 그 모습을 보는 순간 나 자신에게 몹시 화가 났다.

그리고 아내의 그 모습에서 깊은 감동을 받았다. 그리고 속으로 결심했다. 정말 아내에게 잘해줘야겠다고.

아내는 나의 창업 때도 여기저기서 자금을 조달하느라 마음고생을 많이 했다. 그럼에도 언제나 뒤에서 한결같이 나를 격려하며 뒷바라지했다. 그리고 회사 초창기에서부터 규모가 커진 지금까지도 회사 일에 관여하지 않고 내게 부담되는 부탁이나 청탁을 한 번도 하지 않았다. 그러기에 나는 이 지면을 빌려 아내에게 미안함과 더불어 깊은 고마움을 느낀다고 고백한다. 나의 어머니께서 참으로 좋은 배필을 점지해주신 것이다.

젊은 날에 아내를 보다 더 살갑게 대하지 못했고 더불어 많은 고생을 시켰기에 나는 기회가 있을 때마다 우미의 임직원들에게 강조한다. 아내에게 잘해주라고. 화목한 가정을 만들지 못하는 사람은 직장에서도 제구실을 하지 못하게 된다고 말이다.

월남으로 가다

대학 과정을 마친 후 나는 경북 영천에 있던 육군경리학교로 옮겨 교관생활을 하였다. 그리고 1968년 1월, 소위 '김신조 사건' 직후 치열하게 전개되던 월남전에 파병을 지원해 주월한국군사령부(호치민, 당시 사이공 소재)의 비서실에서 관리장교로 근무했다. 비록 전장이었으나 처음으로 해외에 나가 근무했던 만큼 새로운

1969년 3월, 채명신 주월사령관에게 귀국신고하던 모습.

세계를 보며 다양한 경험을 쌓는 좋은 기회였다. 그리고 이듬해 3월에 귀국할 때까지 무더운 날씨와 전쟁의 긴장 속에 고생스럽긴 했지만 월급 외에 수당 등을 받아 경제적으로 큰 도움이 되었던 점도 의미가 있었다. 이렇게 변화무쌍했던 나의 군대생활은 강원도 화천의 보병 제7사단 경리참모로 근무한 것을 끝으로 앞에서 밝힌 대로 1973년 8월 31일에 막을 내렸다.

* * *

군시절은 내 인생의 중요한 전환점이자 삶의 도약을 이끌어 낸 시기로 기록될 것이다. 뿐만 아니라 사회에서 창업을 하고 나의 위치를 확고히 하는 데 중요한 밑거름이 됐음은 물론이다. 나는 학교에서 배운 것보다 군에서 배운 것이 훨씬 많았다고 생각한다. 요즘에는 사회의 여러 기관이 우수한 시스템과 사무능력을 보여주지만 그 당시는 우리나라에서 군만큼 행정시스템이 잘되어 있고 사무능력이 선진화되어 있는 조직이 없었다.

이렇듯 나는 군생활을 통해 기획력과 회계처리, 인사관리, 심사분석, 그리고 판단력과 통솔력 등을 배우고 익혔다. 그리고 무엇보다도 함께 일했거나 모셨던 수많은 장교, 장군들과의 교류를 통해 좋은 인맥을 형성한 것도 매우 중요한 자산이 되었다. 그 자산이 없었으면 창업은 성공하지 못했을 것이라는 생각이 든다. 특히 기억에 남는 상관으로는 주월한국군사령부 채명신 사령관, 부사령관이었던 김용휴 장군, 참모장이던 김종호 전 전남도지사와 윤성민 전 국방부장관, 7사단장이었던 차기원 전 교통부장관 등이 있다.

4부

생활 이야기

나의 생각, 남기고 싶은 말

주인정신

지금까지 나의 창업 과정과 어떻게 회사를 경영해왔는지를 담담한 심정으로 술회하였다. 그리고 어린 시절부터 군대생활에 대한 이야기도 풀어놓았다. 나는 그렇게 자랐고 성장했다. 그렇게 창업을 했고 그렇게 회사를 경영해 오늘에 이르렀다.

이제부터는 두서없이 평소에 내가 생각하고 실천했던 것들을 '생활 이야기'라는 이름으로 소개하고자 한다. 그중에는 경영에 관한 이야기도 있을 것이고 삶에 관한 개인적인 이야기도 있을 것이다. 또는 한마디 불쑥 던진 나름의 '어록'도 있다.

반평생을 오직 우미와 함께하면서 어떻게 하면 제대로 된 회사를 만들 것인지 노심초사했던 관계로 흥미진진하거나 재미있는 이야기는 별로 없다. 나의 삶이 우미와 함께였기에 개인적인 생활 이야기라도 곧 회사의 이야기와 연결되는 경우가 대부분이다.

여기에 소개되는 이야기들은 우미의 임직원들에게 종종 했던 이야기, 또는 회사를 운영하는 과정에서 일어났던 단편적인 에피소드이기에 전개에 연결성은 거의 없을지 모른다. 그냥 화두별로 뚝뚝 끊어지는 이야기가 대부분이지만 나의 생각과 신념, 그리고 말하고자 하는 뜻과 생각이 읽는 이의 마음에 와 닿으면 좋겠다는 바람이다. 그리하여 나와 우미를 이해하는 데 도움이 되고 어떤 영감을 받게 된다면 더욱 고맙겠다.

*　　*　　*

내가 가장 많이 입에 올리는 말이 아마도 '주인정신'일 것이다. 그리고 그것을 강조하기 위해 '수처작주隨處作主'라는 말을 자주 인용한다. 우미의 대회의실 벽에 '수처작주'라는 글자를 쓴 액자가 걸려 있을 정도다.

수처작주隨處作主

이 말의 뜻은 어디서 어떤 일을 하든 주인과 같은 마음을 가지라는 것이다. 이 말은 원래 '수처작주 입처개진隨處作主 立處皆眞'으로서 중국 당나라 때의 선승인 임제 스님의 선어禪語에서 나온 것이다. 임제 스님은 "큰 그릇이라면 결코 남들에게 미혹당해서는 안 된다. 어떤 곳에 처하든 주인공이 되면 서 있는 그곳이 항상 진실하게 된다. 그대가 한 찰나라도 미혹된다면 마구니가 마음에 침입할 것"이라고 경책했다. 그러면서 "어느 상황에 얽매이지 않고 자신이 주인이 된다는 수처작주隨處作主의 마음으로 살라"고 말했다.

나는 기회가 있을 때마다 임직원들에게 '수처작주'를 되뇌며 주도적으로 일하라고 독려했다. 내가 주인정신을 강조하는 이유는 간단하다. 일에 적극적·창의적으로 임하게 되며, 그래야 성공할 수 있기 때문이다.

성공의 핵심은 주인정신이다

예전 시골에 있을 당시의 기억이 새롭다. 할아버지 한 분이 계셨는데 일흔이 훨씬 넘은 나이에도 직접 논밭에서 일을 하였다. 내가 일꾼들을 시키고 좀 쉬시지 그러냐고 했더니 그분 하는 말씀이 "아무리 상머슴도 자기 일하듯 하지는 않는다"고 했다. 그 한마디가 지금까지도 잊히지 않고 귀에 생생하다.

실제로 어떤 조직이나 회사든 간에 말로는 주인정신을 외치면서 사실은 머슴정신으로 일하는 사람이 적지 않다. 그런 사람이 어떻게 성공할 수 있겠는가. 어떤 젊은이는 "내가 주인이 아닌데 어떻게 주인처럼 일하냐"고 반문한다. 그렇다면 여러분이 알고 있는 사람들 중에 크게 성공한 사람들을 돌아보라. 그들의 공통점이 무엇인지 아는가? '수처작주', 어디서 어떤 일을 했든 간에 주도적으로 했기 때문이다. 회사의 '말단직원'이 '사장'의 입장에서 일을 해보라. 그는 반드시 사장이 될 것이다. 설령 그렇게 되지는 못하더라도 적어도 임원은 하게 되어 있다.

이는 직원들에게만 해당되는 것이 아니다. 임원들도 마찬가지다. 나는 창업 초기에서부터 지금까지 수많은 임원, 간부들을 보아왔다. 창업 때도 임원이라는 이름만 갖고 회사의 일을 먼발치에서 보듯 하는 사람들은 어느 순간에 회사를 떠나고 말았다. 수년전에는 대기업 출신을 우미의 임원급으로 영입한 바가 있었다. 그는 경력도 훌륭했고 인품도 좋았지만 자기의 전문지식을 회사의 일에 전력을 다해 쏟지 않고 다른 분야에 관심이 많았다. 그의 입장에서는 언젠가 회사를 떠날 테니까 그에 대비해 그렇게 했을 것이다. 그러나 결과는 어땠는가? 결국 회사에 적응 못하고 일찍 떠나게 되었으며 다른 분야에 가서도 크게 성공하지 못한 것으로 기억한다.

우미에서 머슴정신으로 일한 사람이 다른 곳에 갔다고 달라질 수가 없다. 머슴정신으로 일하면 결국 인생을 머슴처럼 종속적으로 살다가 갈 수밖에 없지 않는가.

"주인이 논에서 피를 뽑고 난 후에는 피가 없는데, 머슴이 피를 뽑고 나서 보면 피가 있다"는 말이 있다. 이 말은 무엇을 뜻하는가? 주인은 벼를 잘 자라게 하기 위해 피(또는 잡풀)를 깐깐하게 하나도 남김없이 모두 없애버리지만 머슴은 건성으로 피를 뽑기 때문에 결국 여기저기 피가 남아 있게 되고 그것이 곧 번성함으로써 결국은 농사를 망친다는 것이다.

가식과 요령으로 살지 마라

건설현장에 나가보면 현장소장이 어떤 정신으로 일하는지 금방 표시가 난다. 현장소장이 주인정신을 갖고 일하는 곳은 현장 분위기에서부터 역동적인 '기氣'가 느껴진다. 뿐만 아니라 창의적으로 머리를 써서 어떻게 해서든지 원가와 품질을 잘 관리하려는 노력이 보이게 된다. 그러나 반대로 머슴같이 일하는 사람은 문제만 제기하고 해결할 방법을 찾지 못한다. 불평불만만 하게 된다.

한번은 건설현장의 절토문제가 있었는데 현장소장은 물론이고 토목전문가라는 간부도 해결방안을 제시하지 못하고 어렵다는 말만 되풀이하고 있었다. 그것이 바로 주인정신이 없기 때문이다.

주인은 어디에 하소연할 곳도 없고 불평할 곳도 없다. 스스로 해결해나갈 수밖에 없다. 그래서 내가 "그렇다면 고속도로를 건설할 때 수많은 절토문제를 어떻게 해결했단 말인가? 그런 곳을 찾아 벤치마킹해보라"고 지시했다. 결국은 큰 문제없이 해결되었다. 그렇다면 이런 의문이 생길 것이다. '나는 방법을 찾는데 왜 현장소장은 방법을 못 찾는가' 하는 의문 말이다. 내가 머리가 더 좋아서 방법을 찾았을까? 아니다. 나는 주인이라는 정신으로 모든 일에 임하기 때문이라는 것이 정답일 것이다.

가정이든 작은 음식점이든 큰 기업이든 주인이 요령을 피우는 것을 봤나? 주인의식이 없으면 일을 건성으로 하게 되고 가식적이 되고 요령을 피우게 된다. 가식적이 되고 요령을 피우게 되면 금방 표시가 난다. 그런 임직원은 회사에서 설 자리를 잃는 게 당연하다.

일은 스스로 찾아서 해야 한다. 요령을 피우면 절대 창의력이 나오지 않는다. 머슴의식으로 일하는 것과 주인의식으로 일하는 것은 큰 차이가 있다. 어디에 가든지 자신이 주인이 되어야 삶이 보람되고 가치가 있다.

젊었을 때부터 '말단직원'이 아니라 '사장'의 입장에서 일을 해 나가려는 마음가짐을 갖고 매진하면 성공한다. 열심히 일하는 것은 자기를 위한 것이고, 회사를 위한 것이며, 결국 주위 동료나 상사로부터 인정받는다.

누구든 간에 인생을 살면서 늘 마음속에 되뇔 필요가 있는 말이 바로 '수처작주'다. 그래야 인생에서 성공한다.

몰입

나는 '몰입' 또는 '집중'을 강조한다. 직원들에게 또는 간부회의에서 귀가 아프게 이야기하는 것의 하나가 그것이다. 만약 누군가가 내게 사업에 임하는 자세, 사업 성공의 요체가 무엇이냐고 묻는다면 역시 몰입과 집중을 말할 것이다.

몰입이란 잘 아는 바와 같이 '무엇에 깊이 파고들고 빠지는 것'이다. 다른 말로 바꾸면 집중이라고 할 수 있다. 나는 사업을 처음 시작했을 때도 그랬고 지금도 그렇다. 목표를 세우면 좌고우면하지 않고 그것에 몰입한다. 나의 모든 역량과 관심, 그리고 노력을 집중시켜 쏟아붓는다.

생각해보라. 젊은 날을 군에서 보낸 내게 건설업은 어울리지 않았다. 더구나 직원 1~2명이 고작이었던 초기에는 모든 결정과 사업추진이 내 판단에 의해 좌우될 수밖에 없는 상황이었다. 명

색이 사장이라고 하지만 느긋하게 지시나 하고 있을 수 없는 노릇이었다. 결국 나는 설계에서부터 시공에 이르기까지 구석구석 관심을 기울여야만 했다. 그 상황을 돌파할 수 있었던 것은 나의 모든 것을 걸고 몰입하고 집중하는 것이었다.

나는 건축에 대해서 전혀 아는 것이 없었지만 몰입해 탐구하고 공부한 결과로 빠른 기간에 직접 평면설계를 할 수 있을 정도가 되었다. 그뿐이 아니다. 막상 아파트 건축이 시작되었을 때 나는 매일 새벽 5시에 공사현장으로 나가 밤 12시에나 집에 들어오는 식으로 사활을 걸고 완전히 몰입했다.

몰입을 말한다면 자연스레 '정신일도하사불성精神一到何事不成'이라는 말이 떠오른다. 정신을 한곳으로 모으면 안 되는 일이 없다는 말이다. 그것이 곧 인생에서 성공하는 첩경이라고 믿기에 나는 임직원들에게 수시로 강조한다. 정신을 한 곳에 모아 몰입하면 성공할 수 있다고.

"인생에서 성공하려면 첫째, 목표를 세워라. 목표가 없는 것은 나침반 없이 항해하는 것과 다를 바 없다. 그리고 둘째, 자기 하는 일에 잡생각을 버리고 피나게 노력하라. 자신의 일과 회사에 애착을 가지고 몰입해야 한다. 최소 1년 동안만이라도 모든 것을 버리고 일에만 정진해보라. 1년 동안 업무 이외의 모든 잡다한 사생활을 잊어버리고 자신의 일에만 매진해보라. 그러면 자신의 분야에

나는 어떤 일을 하든 몰입하지 않았던 적이 없었다.

서 우뚝 설 수 있을 것이다. 매일매일 얼마나 몰입하고 전념하느냐에 따라 10년, 20년 후의 모습은 하늘과 땅 차이로 변하게 된다."

이것은 내가 우리 임직원들에게 수시로 강조하는 말이다.

창의성은 몰입에서 나온다

내가 몰입을 강조하는 이유는, 사람의 능력은 엇비슷하지만 얼마나 몰입해 일하느냐에 따라 역량이 달라지고 성과가 달라짐을 잘 알기 때문이다. 우리가 흔히 창의성을 강조하지만 그것은 천재의 머리에서 발휘되는 것이 아니라 얼마나 자신의 일에 집중해 몰입하느냐에 따라 나타나는 것이라 확신하기 때문이다. 그래서 늘 강조한다. "사람의 역량은 백지 한 장의 차이이다. 중요한 것은 집중과 몰입이다"라고.

내가 매일매일 하루의 일과를 명상으로 시작하고 우리 임직원들에게 명상을 권하는 이유도 몰입을 유도하기 위해서다. 아침부터 잡생각을 버리고 정신을 한곳에 모으기를 습관화하면 자연스레 일을 함에 있어서도 정리정돈이 되고 한곳에 집중하게 된다는 것을 경험을 통해 잘 알고 있기 때문이다.

"나는 여러분에게 아침 출근 전 거울 앞에서 인생의 목표, 즉 화두를 매일같이 되뇌길 권한다. 불과 20~30초의 아주 짧은 시간에 할 수 있는 간단한 것이지만, 반복을 통해 습관화되면 얼굴에 자신감이 넘치고 삶이 즐거워질 것이다. 그렇게 되면 자신도 모르게 일과 생각이 일치되어 몰입하게 되고 성공의 열쇠인 창의력이 생긴다. 결코 어려운 일이 아니다. 꼭 실천하기를 거듭 당부한다."

몰입을 강조하기에 하루의 업무에도 그것을 적용해 머리가 맑아 집중하기 좋은 오전 9시부터 12시까지의 3시간만큼은 반드시 몰입해서 근무하기를 당부하고 있다.

현전면목現前面目

몰입이란 꼭 일을 하는 데만 필요한 것이 아니다. 현재에 충실해 '지금'에 집중하는 것도 몰입이다. 앞에서 동탄신도시의 아파트 '우미린·제일풍경채'의 입주자들이 좋은 아파트를 지어줬다고 기념비를 세운 이야기를 소개하였다. 기념비 제작에 앞서 나의 뜻을 물어보기에 기념비 제목을 '현전면목現前面目'이라고 했다. 이 현전면목은 수처작주와 더불어 내가 우미의 임직원은 물론 주위 사람들에게 수시로 강조하는 말이다.

현전면목이란 현전, 다시 말해 지금 눈앞의 현실에 눈을 뜨라는 의미다. 그리고 현재의 조건이나 상황이 마땅치 않고 불만스러울수록 그 조건과 상황을 개선하고 극복하려는 의지적인 노력과 지혜를 강조한 말이다. 현전면목은 하루하루(현재)를 헛되이 보내지 말고 충실하게 보낼 때 그것이 쌓이고 집대성되어 유능한 인재가 되고 성공에 이른다는 의미도 될 것이다.

내가 현전면목을 알게 된 것은 인생에 대해 철학적이고 예언적인 말씀을 많이 하신 법정 스님의 책을 통해서다(법정, 《서 있는 사람들》, 샘터사, 1978). 스토리는 이렇다.

어떤 스님이 선지식을 찾아 나섰다. 그가 선지식을 찾아 나선 이유는 자신이 참구하고 있는 화두話頭에 바른 가르침을 듣고자 함이다. 그는 당대의 선지식을 두루 찾아다녀 보았으나 모두가 그저 그런 소리이지 그에게 참된 화두를 일러주는 이가 없었다. 그는 자신의 박복하고 어리석음을 자책하면서 마지막으로 한 스님을 찾아갔다. 그는 간절한 마음에서 바른 가르침을 구했다.

"지금까지 참선을 한답시고 여기저기 선방을 찾아다녔지만 도무지 화두에 의심이 나지 않습니다. 스님께서 저를 위해 화두를 일러주십시오."

"그대가 참구해온 것은 어떤 화두인가?"

그는 부끄러운 듯 자신 없는 소리로 말했다.

"본래면목을 참구해왔습니다."

이 말이 떨어지기 무섭게 그 스님이 물었다.

"본래면목은 그만두고, 어떤 것이 지금 당장의 그대 면목인고?"

이 물음에 그는 정신이 번쩍 들었다. 비로소 진정한 화두를 결택한 것이다.

'본래면목本來面目', 즉 자신의 본모습으로 화두를 찾고자 했으나 성과가 없었다는 말에 본래면목을 참구하기보다 지금 당장 현재의 네 모습을 찾아라(현전면목)는 가르침을 받고 큰 깨달음을 얻었다는 것이다. 사람들은 흔히 지난 과거를 회상하며 추억에 머물기 쉽고 아니면 미래의 희망에 부풀어 있게 된다. 그러나 따지고 보면, 사람은 지나간 과거 속에 사는 것도 아니고 아직 오지 않은 미래에 사는 것도 아니다. 오로지 현재에 살고 있다. 지금 여기서 이렇게 살고 있다. 따라서 미래의 부푼 희망을 꿈꿀수록 현재에 충실하고 현재에 집중해야 한다. 바로 지금 하고 있는 일에 몰입해야 한다는 의미가 될 것이다.

목표

앞으로 인간의 수명은 120살까지 늘어날 것이라고 한다. 그렇게 긴 인생을 살아가면서 성취해야 할 인생의 목표가 없다면 심각한 문제다. 먼 앞날을 그리지 못하면 비참한 인생이 될 수 있다.

성공적인 인생을 위해서는 무엇보다도 먼저 인생의 목표를 명확히 잡아야 한다. 그리고 인생의 목표를 설정할 때에는 소크라테스의 말처럼 먼저 자기 자신을 알아야 한다. 그래야 자신에게 맞는 목표설정이 가능해진다.

이를 위해서는 불교의 진공묘유眞空妙有, 즉 편견, 욕심, 아집 등의 마음을 비우는 단계가 필요하다. 마음을 비우고 가급적이면 모두에게 유익한 목표를 설정할 때 아름다운 삶이 성취되고, 결과적으로 아름다운 사람이 될 수 있다.

세상에서 가장 불행한 사람은 어떤 사람일까? 바로 꿈과 희망이 없는 사람이다. 그것을 다른 말로 바꾸면 앞으로 나아가야 할 목표, 이뤄야 할 목표가 없는 사람이다. 나는 사업 초기에 조그마한 상가건물을 마련한 적이 있었다. 그곳에서 월세가 톡톡히 나왔다. 그때 우리 가족들은 이제부터 월세를 받아 편히 살 수 있겠다고 생각했다. 그러나 나는 좀 더 큰 목표를 설정하였다. 그래서 가족의 만류에도 그 집을 담보로 건설사업을 크게 할 수 있었던 것이다.

이치가 그러함에도 통계에 의하면 아무런 목표도 없이 삶을 살아가는 사람이 87%나 된다고 한다. 일반적으로 꿈이라는 것은 어린 시절부터 꼭 이루고자 갈망한 것이다. 그러나 직업을 가진 이후에는 그 꿈이 명확한 목표로 변해야 한다.

인생의 목표는 가슴속으로부터 와 닿아야 열정을 가지고 갈구하게 된다. 목표 없이 하는 일은 무가치하다. 야구선수가 최고의 선수가 되겠다는 꿈을 갖고 연습할 때 훌륭한 선수로 발전할 수 있지만, 꿈도 없이 야구방망이만 휘두르면 노동에 지나지 않는 것과 같다.

목표는 크게 잡아라

"목표란 과연 무엇인가? 그리고 어떻게 이루는가?"라고 묻는 이들에게 나는 "가까이 보고 멀리 보라"고 말한다. 가까이 닥치는 일에도 최선을 다해야 하며, 그 행위가 결국 멀리 있는 진정한 꿈과 목표를 이루기 위한 것이라는 의미다.

목표는 짱짱하게 잡아야 한다. 목표가 커야 실패해도 다른 이가 잡아놓은 목표 이상을 할 수 있기 때문이다. 내 목표가 120%였고, 경쟁자는 100%라고 했을 때, 똑같이 20%를 달성하지 못했다면 나는 이미 100%를 이룬 것이 되기 때문이다. 그래서 나는 우미의 임직원들에게 항상 "목표는 120%로 잡으라"고 한다.

목표를 세웠다면 매일 아침 출근 시 '거울 앞의 맹세'를 꼭 실천하기를 당부한다. 아침 출근 전 거울 앞에서 인생의 목표, 즉 화두를 매일같이 되뇌길 강조한다.

'화두'란 원래는 불교의 근본진리를 묻는 물음에 대한 선사들의 대답 혹은 제자를 깨달음으로 이끄는 언어, 행동을 기술한 것이다. 그러나 오늘날 이 말은 특정 종교의 용어를 벗어나 일상적인 삶에서 무언가 지속적인 관심이나 몰입의 대상이라는 의미로 쓰인다. 나 역시 후자의 의미로 사용한다. 쉽게 말해서 명상의 주제 또는 추구하는 목표, 늘 마음에 담아두고 있는 관심사 또는 몰입하고 있는 문제를 말하는 것이다.

예를 들면 2004년 6월 1일, 직원조회 때 내가 이런 말을 한 적이 있다. "회장은 6월 1일부터 일일생활규범 중 '국내 제일의 주택건설회사'에서 '세계 제일의 주택건설회사가 되겠다'는 것으로 화두를 바꾸었다"라고 말이다.

즉, 내가 꿈꾸는 것, 목표로 하는 것, 늘 가슴에 담아 염원하는 것이 바로 나의 화두다. 때로는 그것이 '인생의 목표'처럼 거창한 것이 될 수도 있고 때로는 연간목표, 심지어 일일계획과 일일결산의 작은 의미가 될 수도 있다.

기상과 동시에 스트레칭을 하면서 화두를 되뇌어보고 직장의 책상머리에서 또는 출장길에서도 잠깐 짬을 내어 화두를 떠올리기를 권한다. 아니 짬을 낼 것도 없다. 때로는 불과 20~30초의 아주 짧은 시간에 할 수 있는 간단한 것이지만, 이를 실천하느냐 안 하느냐의 차이는 훗날 하늘과 땅 차이만큼이나 클 것이다. 말이 씨가 된다고 하듯이 인생의 목표를 반복적으로 되뇌고 행동할 때 얼굴은 자신감으로 넘치게 될 것이고 성공인생의 길로 가게 될 것이다.

나는 매일 아침 명상을 하면서 '우미건설을 대한민국에서 일등 주택건설업체로 만들겠다. 그리고 아름다운 인생을 이루겠다!'고 다짐하고 "성취!"라고 외친다.

우미건설이 주택 분야에서 일등 업체가 되면 국가와 사회에 기여하게 될 것이며, 우미 임직원들은 일등 회사의 일등 사원이 되고 그들의 삶 역시 일등이 될 수 있기에 '일등 주택업체'를 만들겠다고 다짐한 것이다.

인생의 목표는 가급적 개인의 사욕을 넘어서 이웃과 사회에 기여하는 방향으로 설정하는 게 좋다. 그래야 아름다운 인생이 될 것이다.

성공

사람은 누구나 성공하기를 바란다. 그래서 성공학이라는 분야까지 생겨났다. 나는 성공학보다 더 중요한 것은 성공한 사람들의 경험에서 우러나온 진솔한 충고라고 본다. 때로는 실패한 사람에게서도 성공의 길을 찾을 수 있다. 그것을 반면교사라 하지 않던가. 나는 때론 실패했지만 그것을 딛고 지금 여기까지 왔다. 시련을 겪으며 창업을 했고 나름대로의 원을 이뤘다. 이쯤에서 내가 생각하는 성공의 방법을 말하려 한다.

성공에 이르는 길은 여러 갈래다. 방법도 많다. 책으로 쓴다면 수백 권, 아니 수천 권도 더 될 것이다. 이 책에서 이야기한 많은 내용들이 어찌 보면 성공에 이르는 길을 말하고 있다. 그러나 여기서는 내가 평소 임직원들에게 강조했던 것 중 몇 가지만 소개하려 한다. 물론 나의 경험에서 우러나온 원칙이자 방법이다.

일신우일신日新又日新

성공하려면 매일매일 새롭게 태어나야 한다. 그렇지 않으면 정체되고 타성에 젖어 발전이 없게 된다. 일신우일신日新又日新이라는 말이 있다. 이 말은 "날로 새로워지려거든 하루하루를 새롭게 하고 또 매일을 새롭게 하라"는 뜻으로 은나라 탕왕의 세숫대야에 적혀 있던 글이며 또한《대학》에 실린 유명한 말이다.

탕왕은 기원전 18세기의 중국 상나라 임금으로 하나라의 폭군 걸왕을 갈아치우고 은나라로 이름을 바꾸었다. 탕왕은 목욕을 할 때마다 이 구절을 음미하였다고 한다. 어제와 다른 나를 끊임없이 만들어가는 사람만이 성공할 수 있음을 지적한 말이다. 현대는 변화의 폭과 깊이가 더욱 더 커지고 있다. 따라서 성공을 위해서는 그 변화에 적응해야 하며 그러기 위해 지속적으로 버리고 새로운 것을 창조해야 할 것이다. 매일매일 새로워져야 한다.

법정 스님은 "사람의 삶은 단순한 반복이 아니라 끊임없는 개선과 노력을 하면서 창조의 생활로 이어져야 한다. 그렇지 않으면 동물의 생존이나 다를 바 없다"고 말했다. 그렇다. 살아가는 것은 매일매일 새롭게 태어난다는 뜻이다. 어제보다 오늘이, 오늘보다는 내일이 발전된 삶이 되어야 한다. 그것이 성공에 이르는 지름길이라 믿는다.

아침에 눈을 뜨면 거울을 보며 자신의 꿈과 목표를 외쳐보라. 그리고 그 꿈과 목표를 향해 매일매일 새롭게 전진하라. 그러면 성공할 수 있다.

젊을 때 최대한 능력을 계발하라

나무가 좋게 성장하려면 묘목 때부터 제대로 성장해야 한다. 어린이는 어린이다워야, 젊은이는 젊은이다워야 한다. 묘목이 너무 큰 나무의 형상이면 컸을 때도 가치가 없다. 젊었을 때 열심히 일하고 열심히 노력하라. 나이 들면 하고 싶어도 못 한다. 일을 열심히 하는 사람과 안 하는 사람은 얼굴에서 티가 난다. 일을 열심히 하는 것도 자기를 위한 것이고 안 하는 것도 결국 자기 책임이다. 일을 열심히 하다 보면 일을 안 하고는 못 배긴다. 일하는 게 재미있고 인정을 받으면 즐겁다. 물론 집에서 쉴 때는 아무 생각 말고 쉬어라. 푹 쉬면서 편안한 마음으로 회사를 생각해보라. 시공을 초월해서 근무하는 기법을 알아야 한다.

난 사람이 오래 사는 것이 중요하지 않고 무엇을 얼마만큼 하며 어떻게 살았느냐가 중요하다고 믿는다. 사람의 태어남은 이 육신으로는 길어야 100여 년, 단 한 번밖에 없는 이번 생이야말로 참으로 귀중한 일생이다. 특히 젊은 청·장년시절을 뜻있고 알차게 살지 못하면 천추의 한이 될 것이다.

나는 청년시절 5일장을 둘러보고 사람 사는 현장을 보고 있으면, 할 게 천지고 무엇이나 하면 잘살 수 있겠구나 하는 자신감에 취하곤 했었다. 무엇을 하던 '잘살아야겠다'는 욕망이 하늘을 찌

르고도 남았다. 그러니 그 당시 꿈도 희망도 없이 빈둥대고 있는 사람들을 보면 한심하기 짝이 없었으며, 게으른 젊은 사람들을 보면 이해가 되질 않았다.

명상으로 지혜를 키워라

성공하려면 지식이 많은 사람보다는 지혜로운 사람이 되어야 한다. 그런데 "지식은 기억으로부터 나오고, 지혜는 명상으로부터 나온다. 지식은 밖에서 오지만 지혜는 안에서 온다"는 말이 있다. 성공하려면 얼마나 지식을 많이 가지고 있느냐보다 얼마나 지혜롭냐가 중요하다. 그런데 그 지혜는 개인의 내면에서 오는 것이니, 그러려면 명상을 통해 수시로 자신과 대화를 나누며 자기성찰을 해야 한다. 나는 어려울 때나 좋을 때나 마음을 언제나 평정 속에 유지하려고 애쓴다. 명상에 빠져드는 것을 매일의 즐거움으로 삼는다. 그리고 그 효과를 직접 깨닫고 있기에 주위 사람들에게 하루에 단 5분이라도 명상할 것을 권한다. 이른 아침 차 한 잔의 명상, 그 5분이 인생을 좌우한다고 믿기 때문이다.

"명상을 통해 혜안을 갖도록 하자. 혜안이 없으면 업무발전이 더디고 궁극적으로 역량이 부족한 사람이 된다. 특히 간부들은 일찍 출근해 차를 한잔 마시면서 어제 한 일과 오늘 할 일을 차분히 생각하며 명상을 생활화하는 게 좋다. 명상을 생활화하면 업무는 물론이고 삶에 큰 도움이 될 것이다."

내가 임직원들에게 업무지시를 하거나 회의 등을 통해 훈시를 할 때 자주 등장하는 말이다.

그러나 꼭 시간을 정해두고 성찰하는 시간을 계획표에 넣을 필요는 없다. 그러나 습관이 되어야 한다. 나는 이 성찰하는 시간을 아침에 차를 마시는 시간으로 대처해왔다. 이른 아침에는 모든 것이 고요하다. 고요하면 나를 돌아보기도 쉬워진다. 그러면서 차를 한잔 마시면 그 또한 훌륭하다. 스님들처럼 화두를 들고 앉아서 참선을 할 이유는 없다. 그냥 일상생활을 하기 전 차를 한 잔 마시며 5분만 돌아보면 된다. 오늘 할 일을 찬찬히 살펴봐도 좋고, 어제 있었던 안 좋은 일을 돌아봐도 좋다. 그것을 몇 번 해보면 명상이 습관화될 것이고 분명 큰 힘이 되어줄 것이다.

* * *

명상에 마음을 잘 밀착하여 모든 잡념이 사라져 고요해진 사람은 누가 보더라도 편안한 느낌을 준다. 이 명상이 습관화되면 마음이 조용해지고 불필요한 걱정이나 부정한 마음이 멀어져 고상한 생각과 지혜가 생긴다. 그러면 주위 사람들이 존경하고 좋아할 만한 사람이 될 수 있다.

노력해 얻은 지식을 피나게 실천해야 지혜를 얻을 수 있다. 이 과정에서 명상은 촉매 역할을 한다. 지식을 실천할 때 시행착오를 겪기 마련인데, 자신의 체험을 통해 개선되면 지혜로워지고 창의력이 싹튼다. 더불어 모든 일은 평범한 데서 그 해결책이 있다. 매사 편안하고 쉽게 생각하도록 하자.

정신이 혼란스러울 때, 잠이 오지 않을 때, 스트레스를 받을 때가 있다. 이럴 때 명상음악을 들으며 자신의 내면을 관찰하게 되면 마음이 편해진다. 우미는 업무개시 전에 5분간 명상음악이 흐른다. 명상음악을 들으면 차분해지면서 자기관찰의 시간을 가질 수 있다. 그러면 지혜로운 사람이 될 수 있다. 연장선상에서 명상을 통해 어제 했던 일을 돌이켜 보고 오늘 할 일을 살펴보면 그게 바로 회사를 위하는 길이며 자기 자신을 성장시키는 일이 될 것이다.

지혜가 없는 자에게는 깊은 명상이 없고
깊은 명상이 없는 자에게는 지혜 또한 없다
지혜와 깊은 명상을 갖춘 사람은
절대 자유에 가까워진 것이다.

-《진리의 말씀 - 법구경》 중에서

사람이 자기 인생의 목표를 달성하려면 그것에 이르는 방안을 찾아야 하는데, 그 방법 중 하나가 각자 자기의 내부에서 찾는 것이다. 그러기 위해서는 자기를 성찰할 수 있는 자기만의 시간을 자주 갖는 것이 좋다. 사람은 아무리 많이 배워도 훌륭한 역할을 하지 못하는 경우가 있다. 그러나 명상을 통해 자기를 늘 갈고닦

잠에서 깨어나 녹차 한 잔
그 차맛이 좋고

이른 새벽 홀로 있으니
문 두드린 사람 없어 좋고

세상 욕심 마음 비우니
근심 걱정 없어 좋네

는 사람은 배운 것이 곧 지혜가 되어 훌륭한 역할을 할 수 있게 된다. 우리가 인생을 살아가는 데 시공을 초월해서 자기가 하는 일을 생각하는 게 바로 명상이다.

나는 아침형 인간처럼 새벽이면 일찍 깨어난다. 명상을 하고 녹차 한잔을 마시며 오늘 할 일을 큰 항목별로 메모하고서 하나하나 세부적으로 그 과정을 연상해본다. 이렇게 계속 반복하다 보니 새롭게 창의력이 생기는 것도 같고, 하는 일에 자신이 붙고 재미가 모락모락 일어난다. 내게 명상은 일의 연장이고, 회사 운영과 경영의 한 방법이다. 위 시는 2001년 3월 5일 명상 중 마음을 비워 홀가분해진 심정으로 쓴 자작시다.

깨어 있는 인간, 노력하는 인간이 되어라

앞에서 자세히 이야기한 바 있듯이 나는 회사가 위기에 처했을 때 절에 들어가서 가피加被를 체험했다. 그 후로 명상의 중요성과 필요성을 절감하고 늘 실천하고 있다. 뿐만 아니라 성공하려면 마음의 평안을 찾아야 하므로 주위 사람들에게도 명상을 권한다. 그 이유 중 하나는 명상을 하면 깨어 있는 사람이 되기 때문이다.

당부하건대 자신이 한 역할이 무엇인지 돌아보라. 꼭 깨어 있는 인간이 되고, 노력하는 인간이 되어야 한다. 주위의 눈치를 살피며 적절히 대충 일할 생각을 해서는 안 된다. 아무도 모르는 것 같지만 저절로 주위에 알려지고 상대방이 알아차리는 게 세상사다. 건성으로 일하는 사람, 깨어 있지 못하고 흐리멍덩한 사람은 얼굴색부터 다르다.

미꾸라지를 잘 키우기 위해서 수족관에 메기를 넣는다고 한다. 미꾸라지끼리만 생활하는 공간에서는 미꾸라지가 운동을 하지 않지만 천적인 메기를 넣으면 잡아먹히지 않기 위해 열심히 움직여야 하고, 그러다 보면 자연스레 건강해진다. 마찬가지로 자신의 가슴속에 메기를 넣어야 한다. 나태해지는 스스로에게 긴장감을 불러일으키고 열심히 움직이기 위해 자신을 채찍질하라는 말이다. 누가 시키지 않더라도 자신을 스스로 발전시키기 위해 노력하는 사람이 깨어 있는 사람이다. 상사를 비롯해 누군가가 감독하고 질책을 해야 일하고 노력하는 사람이라면 그는 이미 노예다.

성공하려면 회사의 일에 주인정신을 발휘하는 것 못지않게 자기 자신을 스스로 통제하는 참된 주인이 돼야 한다.

실패에서도 길을 찾으라

성공하기 위해서는 성공의 길을 가야 한다. 그러나 정작 중요한 것은 사람이 실패했을 때다. 보통사람은 실패 앞에서 절망한다. 기가 꺾인다. 심한 경우 다시는 도전하지 않으려 한다. 물론 실패는 아프다. 때로는 헤어날 길이 없을 정도로 절망적이기도 하다. 그러나 돌이켜 보면 성공한 사람 중에 실패하지 않았던 사람이 있을까? TV나 책을 통해서 우리가 만나게 되는 성공자 중에 실패 없이 일사천리로 성공한 사람은 없다. 간혹 기막힌 행운으로 로또에 당첨되듯이 성공하는 사람도 있지만 그렇게 성공한 사람은 그 성공을 지켜내지 못하고 곧 나락으로 떨어지는 경우가 대부분이다.

실패는 성공의 굳건한 발판이 되는 수가 많다. 아니 설령 실패했더라도 그것을 성공을 위한 디딤돌로 만들 줄 아는 사람이 진짜 성공한다. 여기서 '시행착오의 법칙'이 나온다. 시행착오는 '학습자가 어떤 목표에 도달할 때까지 여러 가지를 실행하고 실패를 되풀이하는 일'이라 정의된다. 어떤 사건이 났을 때 그 상황을 실패라고 생각하는 이는 실패자이지만, 시행착오라고 생각하는 이는 좋은 경험을 한 것이 된다. 같은 실패지만 받아들이는 차이에 따라 하늘과 땅 차이로 벌어지게 되는 것이다.

나 역시 수많은 시행착오를 겪었지만 그것에 머물지 않고 한 가지 일을 더 했다. 바로 그 시행착오의 요인을 냉철히 분석하는 일이었다. 분석하지 않고 기록하지 않고 공부하지 않는다면 같은 시행착오를 반복하게 된다. 그러면 그때는 시행착오가 아닌 실패가 되는 것이고, 당사자는 그 실패를 이겨낼 역량이 없게 될 것이다.

회사에서 직원들 역시 수많은 실패를 한다. 그때마다 직원들을 닦달한다면 피곤해서 어찌 회사가 운영될 수 있겠는가? 그래서 실패한 일이 있다면 직원들에게 항상 이렇게 말했다.

"실패할 수 있지만 그 요인을 냉철히 분석하라"고.

질문

나는 회사를 경영하면서 임직원들에게 질문을 많이 하는 편이다. 아마도 임직원들의 입장에서는 그때마다 곤혹스러웠을지도 모른다. CEO의 질문에 대답을 잘 못하면 마치 무능한 것 같은 생각이 들 테니까 말이다. 그러나 내가 질문을 많이 하는 이유는 그것으로 임직원들의 유·무능을 판단하기 위해서가 아니다. 또한 내가 그 문제에 대해 몰라서 질문을 하는 것도 아니다(물론 모르기에 질문하는 경우도 많다).

내가 질문을 즐기는 이유는 질문을 통해 어떤 문제를 좀 더 다각적으로, 그리고 심층적으로 다시 한 번 생각하고 분석해보는 기회를 갖게 하기 위해서다. 뿐만 아니라 그런 기회가 많을수록 임직원들의 역량이 향상됨을 믿기 때문이다.

예를 들어 아파트의 분양이 시작되면 직원들에게 질문을 하기 시작한다.

"초기에 분양이 몇 %나 될 것 같은가?"

"한 70%는 무난할 것으로 판단됩니다."

"그렇게 판단하는 이유는 무엇인가?"

"……."

"오늘 모델하우스에 사람들이 얼마나 올 것 같은가?"

"대략 3,000명 정도는 올 것 같습니다."

"그래? 그렇게 예상하는 이유는 무엇인가?"

"……."

"이번에 지은 이 아파트를 고객들이 어떻게 평가할 것 같은가?"

"매우 만족해 할 것 같습니다."

"왜 만족할 것이라고 생각하는가? 이유가 무엇인가?"

"……."

질문의 효용

이처럼 질문이라고 해서 골치 아픈 기술적인 문제만이 아니다. 사업추진과 업무추진에서 별 생각 없이 지나칠 수 있는 것을 이렇게 구체적 사례별로 질문을 한다. 이 질문들을 자세히 살펴보면 매우 평범하다고 할 수 있지만 그 질문에 정확한 대답을 하려면 사전조사를 충분히 하지 않음 안 된다.

첫 번째 질문을 살펴보자. 아파트의 분양이 몇 %가 될지를 예상하려면 비슷한 지역의 다른 건설업체의 분양실적은 물론 새로운 집이 필요한 예상 수요층 파악에서부터 당시의 경제 흐름이나 아파트 분양의 동향까지 구체적으로 면밀하게 파악해야만 답이 나올 수 있다.

두 번째 질문도 마찬가지다. 모델하우스에 사람들이 얼마나 올 것인지 예측하려면 같은 날짜에 다른 건설사의 모델하우스 오픈이 있는지부터 지역축제 등 다른 행사까지 파악해 분석하지 않으면 안 된다.

세 번째 질문에 대답하려면 임직원들이 우리 아파트의 장단점을 샅샅이 파악하고 있어야 할 뿐만 아니라 다른 아파트와의 차별점도 꿰뚫고 있어야 한다.

이와 같은 질문을 해보면 임직원들이 자신의 업무에 관하여, 또는 회사의 중점사항에 대해 얼마나 관심을 갖고 일하는지를 금방 파악할 수 있다. 또한 내가 어떤 부분에 관심을 갖고 있는지 금방 사내에 전파됨으로써 알게 모르게 임직원들이 공부하게 하는 효과도 거둘 수 있다. 더구나 나는 해당 업무를 담당하고 있는 사람에게만 질문하지 않는다. 그 이유는 맡은 업무가 무엇이든 간에 회사의 중요사업에 대해 모두들 관심을 갖고 있어야 한다는 의도에서다.

이런 과정을 통해서 임직원들만 공부하는 게 아니다. 나도 종합적인 판단을 할 때는 들었던 다양한 의견을 매우 요긴하게 활용한다.

질문은 나만 하는 게 아니다. 나는 우리 임직원들에게 상호 간에 질문을 많이 하라고 권한다. 예컨대 상사가 어떤 지시를 하면 속으로는 의견이 다르면서도 무조건 따를 것이 아니라, 왜 그렇게 해야 하는지를 질문하라는 것이다. 상사의 지시가 잘못됐다면 더욱 그렇다. 의문점이 완전히 해소되지 않는다면 직원은 결코 신바람 나게 일할 수 없을 것이다. 이유도 모른 채 일하는 것은 있을 수 없다.

질문을 할 때 중요한 사항이 하나 있다. 질문하는 사람은 마치 직원을 테스트해보는 것처럼 질문해서는 안 된다. 질문을 던지는 이유는 상대의 의견을 경청하고자 함에 있다. 따라서 상대가 왜 그렇게 말하는지 유심히 살피며 잘 들어야 한다.

옛말에 "쑥떡같이 말해도 찰떡같이 알아들어라"는 말이 있다. 상대방의 말을 잘 새겨듣는 사람이 유능한 사람이다. 의문점을 알고 질문할 줄 알면 유능하고 총명한 사람이다. 총명聰明의 뜻을 살펴보자. 여기서 '총'은 '귀 밝은 총'이다. 귀가 잘 들리는 것이 총명하다는 이야기가 아니고, 남의 말을 잘 알아듣는 사람이 총명하다는 의미다.

나는 임직원들과 대화를 나눌 때 질문하는 것 이상으로 상대의 말을 절대 흘려듣지 않는다. 말에는 상대의 생각과 의도가 담겨 있기에 유심히 음미하면서 듣는다.

사람을 키우는 법

나는 우리 직원들이 유능한 인재로 성장할 수 있도록 나름의 노력을 기울인다. 매주 월요일 오전 8시면 직원들과 함께 '주간회의'라는 이름으로 인성교육, 정신교육을 실시해왔다. 회사의 현안에 대한 여러 이야기와 더불어 직장생활과 사회생활에 도움이 되는 여러 이야기로 시간을 채운다.

1시간의 이야기를 위해 몇 시간씩 준비했고, 일하다가 또는 출장이나 집에서 휴식을 취하다가도 좋은 아이디어가 떠오르면 메모하고 그것을 정리해 직원들에게 들려준다. 때로는 같은 이야기가 수시로 반복되기도 한다. 직원들의 입장에서는 귀가 아플지 모르지만 나는 생각이 다르다. 화려한 화술과 다양한 지식을 동원한 교육도 좋지만 CEO로서 애타는 심정, 진정성을 담아 같은 이야기를 반복하는 것도 매우 중요하다고 본다. 가정에서 부모들이 자식들에게 가르치는 밥상머리 교육의 효과가 반복 아니던가.

반복의 효과

세계적으로 유명한 잭 웰치GE의 前 CEO는 이렇게 말했다. "기업의 핵심가치는 700번 이상 반복해서 직원들에게 말해야 한다. 나는 어떤 메시지를 전달할 때 한 번도 이 정도면 충분하다고 생각해 본 적이 없다"고. 물론 꼭 700번 이상 잔소리를 반복하라는 것은 아닐 것이다. 그 정도로 경영진이 간절한 마음과 확고한 신념을 갖고 회의나 토론, 회합 등을 통해 반복적으로 줄기차게 되풀이 해야 마음이 통한다는 의미다.

역시 세계적인 기업 구글의 에릭 슈미트 전 회장도 말했다. "스무 번 정도는 반복해서 말해야 할 일이 있다. 한두 번 말하면 사람들은 바빠서 귀 기울이지 않는다. 몇 번 더 말하면 그제야 무슨 소리가 들렸나하는 반응을 보인다. 열다섯 번이나 스무 번 정도 반복할 때쯤이면 여러분은 완전히 지칠 것이다. 하지만 이때가 바로 사람들이 알아들을 시점이다"라고.

아마도 우리 직원들은 지금까지 수십·수백 번의 교육과 회의에서 내가 왜 그렇게 같은 이야기를 반복했는지 지겨웠을지도 모른다. 그러나 그런 반복을 통해서 내가 회사를 어떻게 이끌고 최고의 아파트를 짓는 최고의 회사가 되겠다는 신념이 그들의 머리와 가슴에 새겨질 것을 믿기 때문이다. 이를 통해 나는 우미의 직원들이 남들과 다른 좋은 품성의 유능한 인재들로 성장하고 있음을 확인하고 있다.

우리 직원들이 귀에 딱지가 앉게 듣는 말 중의 하나가 바로 폴 마이어의 성공철학일 것이다. 폴 마이어는 잘 알다시피 27세의 나이로 최연소 백만장자가 되어 기네스북에 오른 전설적인 보험왕이자 '리더십 매니지먼트 인터내셔널LMI'의 창립자다. 그는 늘 "나는 반드시 성공할 수 있어! 나는 백만장자가 될 수 있어!"라고 외치며 보험 세일즈에 나섰다고 한다.

그는 또 성공의 목표는 물론 마음에 떠오르는 것을 글로 적어 항상 들여다보면서 마음속 깊이 새겼다는 것이다. 그리고 이렇게 말했다.

"만일 여러분이 에베레스트 등정을 꿈꾸고 있다면, 그것을 기록해두십시오. 100개 나라를 가보고 싶다면, 그것도 글로 적어 두십시오. 하고 싶은 일이 무엇이건, 또 그 일이 다른 사람들에게 얼마나 어리석게 보이건 상관없다"고.

내가 그를 알게 된 것은 광주은행이 번창하던 시절 진월동지점의 조계룡 지점장을 통해서다. 그가 좋은 경구 여러 개를 가져왔는데 그중에서 내가 선택한 것이 이것이다.

폴 마이어 성공철학

우리들이 하고자 하는 일을

생생하게 상상하고

간절히 바라며

깊이 믿고

열의를 다해 행동하면

그것이 무슨 일이든

반드시 현실로 이루어진다.

폴 마이어의 성공철학에서 배운다

이것이 폴 마이어 성공철학의 핵심이다. 나는 폴 마이어의 이런 성공철학을 누누이 강조했다. 원대한 목표를 세우고 간절히 열망하라고 했다. 심지어 그의 어록을 액자에 담아 사무실마다 걸어놓도록 했으며 매일 아침 그것을 암송하라고까지 했다. 그런 교육과 실행을 통해 우미의 비전과 철학을 직원들에게 심어 큰 꿈과 희망을 갖게 될 것이기 때문이다.

언젠가, 협력사 사장 중의 한 분이 사업을 처음 시작했을 때 어느 교수를 만났는데 "인생을 살면서 빌딩을 갖고 싶다고 매일 생각하면 나중에 그 빌딩을 가질 수 있다"는 말을 들었다는 것이다.

그러면서 나에게 "그 말이 맞느냐?"고 물었다. 나는 폴 마이어의 이야기를 하면서 "생각을 매일 한다고 그 빌딩을 가질 수 있는 것은 아니지만, 그에 상응하는 빌딩을 가질 수 있을 것으로 해석하면 된다"고 설명해준 적이 있다.

나는 '하고자 하는 일을 되뇌며 열의를 다해 행동하면 반드시 현실로 이루어진다'고 믿는다. 자기가 하고자 하는 일을 절실하게 추구하다 보면 반드시 그 일을 성공적으로 해낼 수 있는 의욕과 함께 실천의 과정에서 방법도 찾기 마련이다. 예로부터 "뜻이 있는 곳에 길이 있다"고 하지 않았는가.

나는 이런 식으로 내가 읽은 책이나 남들로부터 들은 이야기, 또는 내가 직접 경험한 것들을 임직원들에게 전달하려 늘 애썼다. 그럼으로써 우미의 임직원들이 비전을 갖고 성공하게 될 것이라 믿기 때문이다. 우미의 임직원들 입장에서는 반복되는 이야기에 지루함과 더불어 귀찮음을 느낄지 모른다. 그러나 더 중요한 것은 오랜 기간을 거치면서 이제는 나의 진정성을 믿는다는 사실이다. 나의 '잔소리'가 결국은 그들을 위한 진솔한 충고임을 임직원들은 알고 있다.

내가 임직원들에게 해줄 수 있는 것은 이런 것이다. 이것이 소박하지만 내가 사람을 키우는 방식인 것이다.

경영권 승계에 대해

나는 인재유치와 육성에 많은 관심을 갖고 나름의 노력을 기울여왔다. 그러나 그런 것이 금방 큰 성과로 나타나는 것은 아니다. 인재로 알고 영입했지만 우미의 형편에 맞지 않는 경우도 있을 수 있고, 쓸 만한 인재이지만 여러 사정으로 우미를 떠나는 경우도 있기 때문이다. 뿐만 아니라 인간의 능력이란 특별한 상황이 아니고는 '오십보백보'여서 인재라고 남들과 다른 혁혁한 성과가 금방 나타나는 것도 아니다. 특히 건설업의 경우에는 더욱 그렇다.

그럼에도 초창기의 어려운 상황을 그런대로 잘 극복해낸 우미로서는 한 단계 도약을 위해 내가 마음을 놓고 일을 맡길 수 있는 핵심인재가 필요했다. 그런 판단으로 입사시킨 사람 중의 한 사람이 바로 나의 장남 이석준이다.

핵심인재의 필요성을 절감하던 나는 고민을 거듭하다가 장남 이석준을 우미에 입사시켰다. 1993년 5월 1일이었다.

이석준은 광주 금호고를 수석으로 졸업한 뒤 서울대 전자공학과와 KAIST를 거쳐 LG산전에서 로봇 등 최첨단 전자공학을 심도 있게 4년째 연구하던 중이었다. 우미의 입장에서는 회사가 하루가 다르게 성장하고 있었기에 좋은 인재가 한 명이라도 더 필요한 상황이었다. 더구나 첨단 전자공학을 전공한 사람이 입사한다면 최첨단의 전자기술을 건설 분야에 접목할 여지도 있을 것 같았다.

반면, 자칫 회사가 잘못되면 학자 등 전자공학의 전문가로 크게 성장할 수 있는 이석준의 앞날을 가로막는 결과가 될지도 모른다. 더구나 건설업은 이석준이 전공한 전자공학과 너무 다른 분야고, 어느 업종보다도 굴곡이 심한 업종이 아닌가. 나의 고민은 깊어졌다. 그러나 남의 자식들에게는 우리 회사로 오라 하면서 나의 자식은 회사를 피하게 하는 것은 분명 모순이다. 그럼에도 전공이 다르고 앞날이 창창한 이석준을 회사로 끌어들일 것인지를 놓고는 잠 못 이루는 고민을 해야만 했다. 때로는 간부들 앞에서 눈시울을 붉히며 현실적 고민과 안타까움을 토로하기도 했다. 하지만 나는 결단했다. 이석준을 입사시킨 것이다.

사람들은 나의 깊은 뜻과는 달리 여러 가지 해석을 했을 것이다. '최대주주 2세의 경영수업'이나 '대물림'을 떠올렸을지도 모른다. 그러나 그것은 나의 신념을 모르는 억측이다. 나의 친동생에게까지 일감을 주지 않을 만큼 나는 공과 사를 구분하며 세상을 살아왔다. 나는 이석준의 입사에 대한 입장을 이렇게 밝힌 적이 있다.

"기업의 승계 과정을 중심으로 동서양 기업의 역사를 고찰해보면 장수기업의 비결 또는 조건으로 크게 세 가지를 꼽을 수 있다. 첫째, 장남에게 너무 집착하지 않는다. 많은 장수기업의 창업주들은 무조건 장남에게 회사를 물려주지 않았다. 장남이 출중하면 더할 나위 없지만 그렇지 못하면 현명한 양자를 들여 후계자로 삼았다. 삼성의 이병철 회장은 장남이 아닌 3남을 후계자로 지목했다. 이 점을 눈여겨볼 필요가 있다.

둘째, 골육상쟁을 피해야 한다. 일단 후계자를 정하고 나면 다른 형제는 회사의 일에 간여하지 못하게 했다. 혈육 간의 경영권 다툼으로 가업이 몰락하는 것을 막기 위해서다. 삼성은 이건희 회장을 후계자로 키우기 전에 미리 재산정리를 통해 형제간의 다툼의 소지를 없애 골육상쟁을 피할 수 있었다. 셋째, 후계자는 고생을 많이 시켜야 한다. 세상물정 모르는 젊은이를 바로 경영진에 앉히지 않고 밑에서부터 이런저런 경험을 쌓게 했다. 예컨대 다른 업종의 회사에 몇 년 일하게 하거나 승계할 회사에서 밑바닥부터 올라오게 하는 식이다. 우미는 임직원들의 피나는 노력으로 이룩한 회사다. '명의' 유의태가 자식이 아닌 허준에게 인술을 전수한 것을 내가 주시하는 이유가 바로 그것이다."(2003. 10. 14, 간부회의에서)

장남을 입사시킨 뜻

물론 창업 1세대의 회사가 경영권을 승계하면서 자식을 크게 고려하는 것은 우리나라의 어쩔 수 없는 문화이자 전통일 수도 있다. 그리고 2세가 사업에 대한 경험이 풍부하고 실제 능력이 출중하다면 여러 면에서 경영의 승계를 고려하는 것은 괜찮은 선택이라고 본다. 그러나 그렇지 못하다면 소유와 경영의 분리가 바람직하다는 게 나의 생각이다.

결국 경영권의 승계는 이석준에게 이어졌다. 이에 대해 여러 생각이 있지만 구차하게 변명하지 않겠다. 나로서는 그것이 최선이자 현실적인 선택이었고 그에 대해 한 치의 부끄러움이나 사적인 욕심이 없었음을 솔직히 밝힌다.

나는 2006년에 장남인 이석준에게 대표이사직을 물려주고 경영 일선에서 물러났다. 72세의 나이였다. 72세의 나이가 많으면 많다고 할 수도 있지만 때로는 더 많은 일을 노련하게 할 수도 있는 나이이다. 그러나 나는 평소, 내가 활력이 있고 정확한 판단을 할 수 있을 때 유능한 사람에게 회사의 경영을 넘기겠다고 결심하고 있었다.

경영권을 넘기는 것은 회사의 존망과도 관계가 있는 매우 중요한 '사건'이다. 대개 잘나가던 기업이 흔들리는 것은 경영승계에서 문제가 발생했을 경우가 많다. 특히 2세에게 회사가 넘어갈 때 여러 부작용이 나타나곤 한다. 무엇보다도 2세들은 창업자가 가진 투철한 도전정신이 부족하기 쉽다. 끈질긴 승부근성도 부족한 경우가 많다. 그래서 창업보다 수성이 힘들다고 하지 않던가. 분명히 창업이 수성보다 몇 배 더 힘들 것임에도 말이다.

한국과 같이 기업하기가 결코 쉽지 않고 위기가 상존할 뿐 아니라 더욱이 우후죽순처럼 회사가 나타났다가 사멸하기를 밥 먹듯이 하는 거친 건설업계를 감안할 때 회사를 아무에게나 넘겨줄 수는 없는 노릇이었다. 경영이론에만 밝다고 되는 것도 아니고 현장 중심의 실무능력에만 치우쳐도 경영자로서 적절치 않다. 또한 창업자의 철학과 경영이념을 계승함과 더불어 더 크게 발전시킬 수 있는 능력과 가능성의 확신도 있어야 한다.

다행히 내게는 쓸 만한 자식이 있었다. 이것은 내게 큰 행운이라 생각한다. 이석준은 서울대 재학시절부터 벤처 등 의미 있는 사업을 할 것을 꿈꿔왔기에 자신의 꿈을 실현하는 하나의 과정으로 생각하고 부담 없이 입사했다. 비록 꿈꾸는 업종은 다르지만 창업과 사업추진 그리고 경영에 대해 배울 것이 많다고 생각했기 때문이다.

이석준은 입사 이후 곧바로 경영승계의 절차를 밟지 않았다. 그것은 나의 의도가 전혀 아니었으니까. 그는 입사 후 13년 동안 설계 공부와 인테리어 등 여러 분야에 흥미를 갖고 열심히 배우며 일했다. 특히 전자공학을 전공한 덕분에 건설업체인 우미에 컴퓨터 등 첨단기술에 대한 안목과 경험을 경영에 접목시키기도 했다. 우미의 사무 수준이 타자기 수준에서 컴퓨터 수준으로 획기적인 발전을 하는 데에는 그의 기여가 컸다. 컴퓨터에 로터스 프로그램을 설치해 '사업성판단서', '자금수급계획서'를 작성하는 데 사용했고 자재부의 업무 프로세스를 분석하는 등, 회사의 업무를 전산화, 계량화하여 크게 개선시켰다. 이는 회사 경영의 투명성에도 큰 도움이 됐다. 또한 이석준은 젊은 직원들과 경영진 사이의 가교 역할도 톡톡히 했다. 직원들의 속생각과 목소리를 가감 없이 나에게 전달하는 한편 나의 철학과 비전을 그들에게 전파하는 데도 도움이 된 것은 물론이다.

그러나 그것으로 이석준을 경영권 승계자로 선택한 모든 이유가 설명되지는 않는다. 아들을 그렇게 선택한 데는 아직 해결해야 할 산적한 과제가 많기 때문이었다. 아직은 미완의 회사이기에 나의 창업정신과 철학을 이어가는 것에서부터 회사와 운명을 함께할 도전정신을 갖춘 사람이 절실했기 때문이기도 하였다.

그렇게 여러모로 검토하며 고뇌한 결과 부사장까지 성장한 이석준에게 경영권을 넘겨주기로 했다. 솔직히 말해 아버지의 눈으로 볼 때 자식은 늘 어려 보이는 게 사실이다. 나는 경영권을 물려주고 난 후 그가 어떻게 회사를 운영하는지 꼼꼼히 살펴보았다. 그렇다고 콩 놔라 팥 놔라 하며 간섭하지 않았다. 때로는 이석준이 "이럴 때 어떻게 하면 좋으냐"고 나의 판단을 구하려 할 때도 "사장이 알아서 잘 하시오"라며 그의 능력을 믿었고 그것이 성장하는 비결임을 믿었다.

다행히도 그는 지금 나의 기대를 저버리지 않고 잘하고 있다. 아니, 기대를 뛰어넘는다. 사장이 되자마자 기존의 브랜드였던 '이노스빌'을 새로운 브랜드인 '린Lynn'으로 바꾸는 등 우미의 비약적인 발전을 이끌고 있다. 역시 젊고 많이 배운 사람이 낫다는 생각을 하게 된다.

특히 금융위기의 여파로 건설업계가 전반적인 침체상황을 겪고 미래에 대한 불안함이 커지는 때에, 이석준 사장은 과감하게 우미 최초로 도시개발사업인 청주 호미지구의 사업시행권을 확보해 2015년에 성공적으로 분양을 하였고, 뒤이어 천안 불당지구와 동탄2신도시에 상업시설의 개발과 분양사업에 진출하는가 하면, 춘천 후평지구의 대규모 재건축사업 수주, 또한 충북 혁신 뉴스테이 사업을 수주함으로써 부동산종합서비스업 진출의 교두보를 확보하는 등, 미래의 성장동력을 개척함은 물론 주택건설업체의 한계를 넘어 종합부동산개발회사로서의 면모를 갖춰가

우미의 CI와 BI.

는 것을 지켜보면서 마음이 든든한 게 사실이다.

아무쪼록, 이석준이 나보다 훨씬 더 탁월한 경영능력을 발휘해 회사를 반석 위에 올려놓음으로써 내가 꿈꾸던 세계 제일의 주택 건설회사, 아니 종합부동산개발회사를 꼭 이뤄내기를 간절히 바라며 믿고 있다.

운명

지금까지 나의 이야기를 읽으면서 '운명'이라는 단어를 몇 번 발견했을 것이다. 스님이 "양성의 사업을 하라"고 했다는 등 말이다. 그러다 보니 나를 마치 '사주팔자'를 믿으면서 운명만을 좇아 살아온 사람으로 착각할지도 모르겠다. 물론 인생이란 자기 의지대로 되지 않는 운명적인 부분이 있기는 하다. 또한 나이가 들어갈수록 대개 운명론자가 된다고도 한다. 살아온 인생을 돌아보면 운이나 운명으로 받아들여야 할 젊은 날의 일들이 생각나기 때문일 것이다.

그러나 나는 운명론자는 아니다. 운명은 결국 자신의 의지에 따라 '모습'이 달라지는 자신의 작품이라 믿으며 나는 그렇게 살아왔다. 설령 운명이 있다 하더라도 정해진 운명을 미리 알고 얽매여 산다면 그 인생은 무의미하다. 《뇌내혁명》이라는 책을 보면

"똑같은 처지에 처한 사람이라도 원대한 꿈을 가지고 사는 사람과 아무런 생각 없이 사는 사람 사이에는 엄청난 차이가 일어난다"고 했고. 철학자 데카르트가 "나는 생각한다. 고로 존재한다"고 했듯이 사람이 어떤 생각을 하느냐에 따라 운명은 달라진다. 생각이 바로 운명인 것이라는 게 나의 믿음이다. 즉, 운명은 얼마든지 바꿀 수 있다.

운명은 자기가 개척하는 것

운명을 바꾸기 위해서는 무엇보다도 덕을 베풀어야 한다고 믿는다. 이것은 운명을 바꾸는 법을 가르쳐주는 책을 읽어서 나온 '운명개척법'이 아니다. 80여 년을 깊이 생각하며 살아온 사람이라면 세상살이의 지혜가 쌓이게 마련인데, 바로 그 지혜에서 나온 나의 신념이다.

나는 '덕(德)은 겸양에서 나오고 복(福)은 검소함에서 나온다'고 믿는다. 나는 늘 겸손하려 노력했고 어느 정도 재력을 형성한 후부터는 남에게 베풀려 애써왔다. 솔직히 경제적으로 어려웠던 청년시절과 군생활을 하는 동안에는 남에게 크게 베푼 것이 없었다. 그러나 공과 사 간에 사람들과의 관계나 거래에서 항상 양보하며 차라리 손해를 보는 쪽으로 선택해온 것은 사실이다. 그렇게 양보하고 손해를 보는 것이 나중에 서로 일이 잘 풀리는 결과로 돌아온다는 것을 경험을 통해 잘 알고 있다.

부자의 운명, 즉 복을 받고 싶다면 나는 우선 검소하기를 권한다. 젊은 시절 '소비가 미덕이다'라는 말을 들었을 때 나는 이를 이해하지 못했다. 쥐꼬리만 한 봉급을 받는데 무슨 소비가 미덕인가 말이다. 나는 '봉급을 얼마 받느냐가 중요한 게 아니고 저축을 얼마나 하느냐가 중요하다'는 생활신조로 살아왔다. 그래서 절약과 검소함, 그리고 저축이 미덕이라고 믿고 그렇게 실천해 왔다.

"큰 부자는 하늘이 내리고 작은 부자는 절약이 만든다"는 말이 있다. 큰 부자가 되는 것이 검소함과 절약만으로 되기 어렵겠지만 어느 정도의 부자는 검소하고 절약하면서 저축하면 될 수 있다는 말이다.

젊은 날, 나는 지독할 정도로 절약했다. 나의 경제수준이 어느 정도 확보되기 전에는 바짝 허리띠를 조이겠다고 스스로 작심했다. 심지어 경제적으로 어렵던 시절에는 친인척의 애경사까지도 눈을 딱 감고 외면할 정도였다. '내가 잘살면 그때 2~3배로 훨씬 크게 베풀겠다'고 다짐했는데 그 때문에 아내와 다투기도 하였다. 내가 사업의 성공으로 경제사정이 좋아진 후에는 친인척과 친지들에게 졌던 그동안의 신세를 미흡하나마 대부분 보답한 것으로 기억한다.

두 번째로 강조하고 싶은 것은 인연을 소중히 여기라는 것이다. 어떤 부모에게서 태어났느냐, 여기서부터 '인연'이다. 어떤 선생님을 만났으며 직장에서 어떤 상사 또는 어떤 동료를 만났는지도 운명을 가를 수 있는 인연이다.

앞에서 이미 밝힌 바 있듯이 나는 군대 시절의 인연 때문에 사업을 성공시킬 수 있었다. 창업 초창기 실패했던 과정에서 만난 사람들에게조차 도움을 받을 수 있었다. 그리고 지금처럼 회사의 규모가 커지기까지 일일이 열거할 수 없는 수많은 사람들의 도움을 받았다.

옷깃만 스쳐도 인연이라 하지 않던가. 성공한 사람은 그렇다 치고 인생에 실패한 사람을 잘 관찰해보라. 결국 사람을 잘못 만나 그렇게 된 경우가 대부분이다. 사기를 당하는 것도 잘못된 인연 때문이고, 범죄에 말려드는 것도 마찬가지다.

따라서 운명을 바꾸고 싶으면 주위 사람들과의 인연을 소중히 해야 한다. 특히 좋은 사람들과 좋은 인연을 맺기 위해 노력해야 한다. 한마디로 인생은 인연이다.

아모르파티運命愛

세 번째로 말하고 싶은 것은, 운명을 바꾸려면 일단 자신의 운명을 사랑하라는 것이다. 독일의 철학자 니체의 운명관을 나타내는 용어로 '아모르파티Amor Fati'가 있다. '운명애'이라는 뜻이다. 니체에 의하면 운명은 필연적인 것으로 인간에게 닥쳐오지만, 그에 묵묵히 따르는 것만으로는 창조성이 없고 오히려 자신의 운명을 긍정하고 자기의 것으로 받아들여 사랑해야 한다고 했다. 그래야 인간 본래의 창조성이 발휘되어 인간의 위대함이 발현된다는 것이다.

이와 관련해 〈동아일보〉의 고미석 기자가 쓴 '당신의 운명을 사랑하세요'라는 칼럼을 읽었는데 그 글이 크게 마음에 와 닿아 그 글 중 한 부분을 수시로 암송하고 있다.

"아모르파티. 내게 주어진 운명 앞에서 도망가지 않겠다는 주체적 수용과 창의적 자세. 겉보기에 도무지 알 수 없는 운명의 양면성 앞에서 체념과 굴복이 아니라 내 몫의 시련을 존중하며 고비를 넘길 때, 그때서야 운명은 제 모습을 드러내는 것인가."

- 〈동아일보〉, 2012년 6월 29일, 고미석 기자의 칼럼 중

자신의 운명을 수용하고 설령 어려운 일이 닥치더라도 체념하거나 굴복하지 않고 그 시련을 존중하면 그것이 운명을 사랑하는 것이라는 말이다. 그렇게 하다 보면 어느덧 좋은 일이 벌어지고 운명을 바꾸게 될 것이라 믿는다.

나는 한발 더 나아가 아래와 같은 '좋은 운명으로 바꾸는 10계명'을 만들어 우미 임직원들에게도 소개하고 나 자신도 그것을

마음에 담아 실천하고 있다.

좋은 운명으로 바꾸는 10계명

1 인생의 목표를 세우고 매일 명상에 임할 것

2 하는 일에 집중적으로 몰입할 것
(깊게 생각하면 창의력, 분석력, 지혜력 형성)

3 정직한 생활에 바탕을 둘 것

4 눈 맑은 명사名士를 만날 것

5 신앙생활에 기본을 둘 것

6 자신의 명리命理를 알아차릴 것

7 평상시 독서를 할 것

8 올바른 재테크로 재산 증식할 것

9 적선하는 일로 삶의 보람을 찾을 것

10 건강할 때 건강을 지키며, 자연을 가까이할 것

내 마음 내가 편하게

앞에서 쌍봉사의 체험과 명상에 대한 스토리를 말했다. 그런 체험을 한 이후로는 마음이 심란하거나 흔들릴 때는 마음의 평온과 자신감을 회복하기 위해 틈나는 대로 여러 사찰과 암자를 순례하곤 했다. 쌍봉사는 말할 것도 없고, 구례 화엄사, 해남 대흥사와 일지암 등을 찾았다. 전북 고창의 선운사도 자주 찾았다. 스님들의 수행에 방해가 될까 봐 사찰 뒤편의 허름한 민박집에 며칠씩 머물며 새벽마다 절에 오르기도 했다. 송광사의 불일암도 자주 찾았다. 평소 친분이 있던 법정 스님의 자취가 많이 남아 있는 곳이기에 더욱 발길이 잦았다. 그곳에 갈 때는 구례에 있는 프라자콘도에 여장을 풀고 다음날 암자에 오르곤 하였다.

쌍봉사 체험과 산사체험 등은 이후 나에게 큰 자산이 됐다. 특히 명상을 통해 회사의 철학과 비전, 발전전략에 대해 여러 가지

2002년부터 실시한 직원들과의 산사체험.

를 생각할 수 있는 기회가 됐을 뿐만 아니라 인생을 다시 살피고 마음을 다듬을 수 있는 계기가 됐던 것이다.

그래서 2002년 송광사를 시작으로 해인사와 마곡사, 그리고 구룡사 등에서 직원들에게도 사색 프로그램과 산사체험을 진행하고 있다. 남들이 보기에는 왜 특정 종교를 강요하느냐 할지 모른다. 그러나 전혀 그렇지 않다. 나는 지금도 특정 종교를 가지고 있지 않다. 다만 내가 어려움에 처했을 때 그것을 해결하는 과정에서 좋은 체험을 했고 또한 일상생활을 통해 실천해본 결과 이 복잡하고 힘든 세상사에서 명상이 주는 놀라운 효과를 직접 경험해

앉을자리

흰구름 밝은 달 손님을 맞으니
淸凉한 내 마음 일으켜지네
저가는 길손아 내 말좀 들어보소
道人의 앉을자리 이보다 나을손가

봤기에 그 경험을 함께 나누는 것일 뿐이다. 최근에 이르러서는 '워크숍' 등으로 대체하면서 산사체험의 비중은 감소됐지만 명상을 권하는 마음은 변함이 없다. 위 시는 2006년 10월 10일 길손들에게 들려주고 싶은 내 마음을 표현한 자작시다.

내가 얼마나 명상을 가치 있게 생각하는지는 우미의 임직원들뿐만 아니라 주위의 지인들 역시 잘 알고 있을 정도다. 이번 장 '내 마음 내가 편하게'는 나의 인생관과 삶과 죽음에 대한 태도,

그리고 '인생이 무엇인가를' 이해하는 데 도움을 주기 위해 구성했다.

명상센터를 만나다

우리나라 국민의 행복지수가 143개 조사 대상국가 중에 118위로 하위 수준이고(2015년 기준), 성인의 36%가 정서불안증에 고통을 받으며, 자살률은 OECD 국가 중에서 최고이고, 하루에 40여 명이 자살로 사라진다고 한다. 나는 느지막이 마음공부를 통해 삶과 인생을 재발견했으며 지금은 마음의 평정을 찾아 지복감에 충만해 있기에 이 내용을 널리 보급시키고자 하는 마음이 간절하다.

2005년 중반 모 월간지에 육사를 수석으로 입학·졸업한 현직 4성 장군이 직접 수행을 한다고 소개한, 서울의 한 명상센터를 알게 되었다. 그 명상센터에는 영적으로 깨달음을 얻으셨다는 '스승님' 한 분을 중심으로 20여 년이 넘도록 그를 추종해온 많은 제자들이 수행하는 곳으로, 다년간에 걸쳐 스승의 법문을 발간한 서적이 수십 권 쌓여 있었다.

마침 내게도 심적인 고충이 찾아와 정회원(ID 금파)으로 가입해 7여 년 동안 활동하다 보니 나의 의식에 새로운 변화가 생겼고, 마음의 안정을 찾는 데 많은 도움이 됨을 알았다.

흔히 생각과 마음을 비워라, 버려라 하지만 그게 쉬운 일이 아니다. 그런데 "나는 누구인가" 즉, 나의 정체성에 대해 알게 되니 나는 '삶의 가치와 의미'를 새로운 시각에서 찾을 수 있었고, 운명의 생성과정을 확실히 이해하게 되면 미움과 원망도 사라짐을 알았다. 결국 생각과 마음은 내가 일으키는 산물이지 나 자신이 아니라는 사실도 인식하게 되어 내 마음을 내가 편하게 일으킬 수 있음을 확신할 수 있었다.

물론 독자 여러분들도 하늘의 명을 알고, 말만 들어도 모든 이치를 이해하는 이순耳順과 종심從心에 이를 즈음이면 더 높은 경지에 계시겠지만, 내가 미흡하나마 알게 된 이 정보와 사실을 먼저 널리 알리고 싶은 생각뿐이다.

분야가 광범위하고 여기서 쓰는 용어들이 다소 생소해 난해할 수 있지만, 핵심적인 내용만을 간추려 소개한다. 이는 어디까지나 철학이나 종교 또는 이념적인 논쟁의 대상이 아니다. 단 자기가 어떻게 받아들이느냐가 중요할 뿐이며, 너나없이 우리가 당면할 현실이자 언젠가는 자기 나름대로 정립해둬야 할 이번 생에서의 가장 소중한 과제이기도 할 것이다.

나는 누구인가

내 자신을 알기 이전에 모든 존재에 대한 창조주가 누구인지를 먼저 알아야 한다. 뉴턴은 "인체의 신비, 자연의 신비, 우주의 신비를 보고도 하느님을 믿지 않는 사람이 있다면, 그는 이상한 사람이거나 정직하지 못한 사람이다"라고 말했으며, 파스퇴르는 "내가 자연을 더 많이 연구할수록 나는 창조주에 대해 더 많이 놀라게 된다"라고 고백했다. 현재의 모든 물질적, 정신적, 영적 세계는 창조주인 하느님의 오라에 둘러싸여 있고, 그 숨결은 온 우주에 퍼져 있다. 하느님은 전지전능하시고 존재, 생명, 사랑 그 자체인 분이다. 이 하느님이 자신의 모습으로 사람을 창조했으니 당연히 인간의 족보는 하느님께 속한 것이다.

사람들은 육신으로 살아간다고 생각하지만 육신에는 생명력이 없으며, 육신을 살아가게 하는 주인은 그 육신 안에 거하는 영체인 것이다.

흔히 '나'라고 표현되는 아무개, 출신, 관계, 소속, 육신 등은 나와 관계될 뿐이며, 생각, 마음, 감정 등은 내가 일으키는 산물인 것이지 진정한 의미의 내가 아니다. 육신은 '영'에게 버림받으면 죽음을 맞이하고 생각, 마음, 감정 등은 상황에 따라 변하고 바뀌며, 세월이 지나면 소멸되거나 잊힐 수도 있기 때문이다.

선각자들은 진정한 '나'의 의미를 이렇게 부여하고 있다.

- 하느님이 자신과 같은 영적 존재로 나를 창조하셨다.
- 나 자신의 영靈은 육신을 버리더라도 영생불멸, 영원불사의 존재이다.
- 나는 모든 것을 내가 선택할 수 있는 무한의 자유인이다.

- 나는 영과 불성으로 가장 존귀한 존재이다天上天下 唯我獨尊.
- 나는 존재, 생명, 사랑 그 자체이다.

또한 '나'를 자아自我, 진아眞我, 영성, 본성 등으로 표현한다. 그러므로 "나는 누구다"라고 간단하게 표현하기 어렵고, 설령 "누구다"라고 표현하더라도 큰 의미가 없다. '나는 영원한 나'인 것이다.

삶의 의미

내 자신이 하느님의 혈통이라는 확신과 긍지를 가지고 큰 시각으로 물질계의 세상을 보고 모든 것을 이해, 허용, 포용, 수용하고 누리면서 물질계를 경험하고 영적 세계로 귀환하는 것이 바로 삶의 여정이다.

사람은 수많은 삶을 통해 자기의 의식을 성장시키고 영성을 깨우쳐가는 과정을 겪는다. 우리가 살고 있는 물질계에서 자아탐구를 위한 진정한 자신의 노력과 깨우침이 이번 생에서는 가장 소중한 삶의 가치다.

그러나 육신을 가지고 물질계의 세상을 살다 보면 새롭고 다양한 경험을 통해 자기의 욕구와 욕망을 충족시켜 희열과 행복을 추구하는데, 이것은 허물이 아니지만 무한한 자기 욕심과 열등의식, 자존심 등으로 인해 많은 갈등과 불만이 발생하는 경우가 많을 것이다.

이를 해결하는 방법은 자기의 마음과 의식을 무한정 키우는 것이다. 즉 나의 의식수준이 호박처럼 크게 성장한다면 좁쌀이나 콩알만 한 근심, 걱정거리가 몇 개 생긴들 나에게 무슨 영향을 끼치겠는가!

또한 상대방의 의식과 행동을 바꾸려 하지 말고, 나의 설정과 마음을 역지사지로 편하게 풀어보자. 내가 나를 또는 상대방을 왜곡된 생각이나 선입견으로 들볶지 말자. 스트레스는 누가 주는 게 아니고 내가 스스로 받는 것이다.

내 허리띠만 조르고 나를 혹사시키며 베푸는 사랑은 "내가 너에게 어떻게 해줬는데"라며 언젠가는 대가를 바라게 한다. 따라서 자신을 먼저 인정하고, 자기 자신을 사랑할 줄 알아야 진정한 사랑을 베풀 수도 있는 것이다.

운명이란

우리나라 사람의 약 40%가 운명에 대해 많은 관심이 있다고 한다. '운명'의 사전적 의미는 '인간을 지배하는 필연적이고 초월적인 힘, 또한 그 힘으로 말미암아 생기는 길흉화복, 타고난 운수나 수명'을 말한다. 흔히 운명이 있느냐 없느냐 하는데 우리의 삶은 운명에 의해 움직이는 것 아닌가!

그러나 이 운명은 신이나 어느 외부에 의해서 정해지는 게 아니며, 자신이 전생에 지은 업과 현생의 행동에 의해 만들어지는 철저한 자기 자신의 작품이다. 그러므로 삶의 결과에 대해 운명을 탓하거나 남을 원망하는 것은 바람직하지 못한 짓이다.

재물은 다다익선이라 생각할 수 있지만, 많으면 많은 대로 적으면 적은 대로 내가 관리하다 가는 것일 뿐, 내 것이 아니다.

배우자와 자식은 특별한 인연으로 맺어지는데, 자식은 부모의 몸을 받아 자라지만 자기만의 영을 가지고 자기의 삶을 살아가는 것이지 부모의 뜻대로 살아줄 수 없는 존재임을 이해해야 한다.

마음공부 - 깨달음의 길

사람이 무언가 배운다는 것은 자신의 의식수준을 더욱 성장, 성숙시킨다는 의미이다. 자기가 선택하고 싶은 성경, 경전, 진리, 도, 법 등을 자기의 마음에 담아 거기에 생명의 에너지와 위대함을 불어넣고 자기 자신의 것으로 만들어 믿고, 이해하고, 실천에 옮기는 것이 수행과 공부다. 수행한다고 일상생활을 저버리고 절제의 길만을 가야 하는 것도 아니다. 동굴이나 사원에서 은둔하며 향을 피우거나 산 정상에 앉아 '깨달음의 경지'를 숙고해야 하는 것은 더욱 아니다.

결국 올바른 공부는 '나의 정체성'을 알아가고 깨우쳐가는 노력, 이 모든 것을 '내가 하고 있다'라는 '자각'을 끊임없이 일으키는 것이다. 나에 대한 통찰이 깊어지면 자신의 의식이 성장되어 그 무엇에도 얽매일 필요가 없다는 인간의 존귀함을 알게 되고, 자신이 영적 존재임을 알고 생활함으로써 그 삶을 궁극까지 경험해봄으로써 올바른 지혜를 터득하고, 모두를 포용하고 사랑할 수 있는 존재가 되는 것이다.

우리가 매일 운동이나 취미활동 등 일상생활을 열심히 하는 것도 중요하지만, 자기가 지혜로운 사람이라면 진정한 자아를 찾는 데 관심을 가질 수밖에 없으며 위대한 성현들의 가르침이 진리인지 아닌지를 살아생전 자기 삶에 적용해보는 것은 참으로 중요하고 현명한 일이다.

이 공부의 궁극은 내 자신에 대해 스스로 정확히 아는 것이다. 즉, 내가 어디서 어떻게 왔으며, 무엇을 위해 어떻게 살아야 하며, 또 어디로 가는지, 거기에서는 어떤 현상들이 생겨나는지 등 자신의 정체성과 여정을 알아보면 된다.

진리란 보편성이 있어 누구에게나 적용되며, 진리에 확실하게 공감하는 것이 곧 깨달음이다. 이 모든 게 결국 본인의 선택이다. 이러한 분야를 간과하고서도 과연 삶에 대한 문제를 풀 수 있을까?

공자도 '조문도 석사가의朝聞道 夕死可矣'라고 아침에 도를 알게 되면, 저녁에 죽게 된다 해도 좋다고 하였다.

내가 명상센터에 처음 갔을 때, "어떤 생각이 자꾸 들어 괴롭고 마음이 무겁다"라고 심각하게 얘기했더니, 20대 한 여성 회원이 "그런 생각은 조금 쓰다 버리면 돼요. 생각과 마음은 내가 아니니 '참나'를 찾아보세요"라며 천연덕스럽게 이야기했다.

'참나'는 또 누구며, 생각과 마음을 휴지처럼 버리라니? 처음엔 황당하기 그지없었다. 그러나 명상센터의 정회원으로 활동하다 보니 이곳은 어떤 종교만을 믿는 게 아니고 종교화 이전 창시자들의 핵심적인 가르침을 받아들이고 있음을 느꼈다. 철학이 아닌 우리 인생의 현실 문제를 3대 성인의 가르침에서 풀어내고 있었기 때문이다.

"사람에겐 몸이 전부가 아니고 영혼이 육신에 생명을 부여하며, 육신이 죽더라도 자기의 영혼은 영계의 세계에서 영생불멸한다. 모든 사람은 영성과 불성을 가지고 있어 이미 구제되어 있다. 그러나 어떻게 살아가느냐에 따라 심은 대로 거두며, 인과응보는 우주의 법칙이다. 너희는 보고 듣고도 왜 깨우치지 못하느냐! 직지인심 견성성불直指人心 見性成佛: 마음을 바로 보면 성불이 된다!"

이러한 가르침에 어떤 힘이 있는 게 아니고 내가 얼마나 받아들이고 믿고 행동하느냐에 따라 힘이 생긴다. 그러나 대부분의 사람들은 이 분야에 관심조차도 갖지 않고 오감으로 느껴지는 육신만이 전부라고 생각하며 물질계에 예속된 삶을 살아간다. 그래서 모든 행동을 늘 '내가 선택하고 있구나' 하는 자각自覺의식을 갖는 게 중요하며, 모든 것은 '내가 어떻게 마음을 갖느냐'一切唯心造에 따라 상황이 달라진다. 그러니 나에게 편안한 방향으로 마음을 고쳐먹으면 되지, 근심·걱정을 스스로 사서 할 필요가 없다는 것이다.

흔히 대부분 "내 마음이지만 내 마음대로 할 수가 없고 잘 안 된다"고 한다. 그러나 이 생각을 누가 하고 있는가, 결국 자기 자신이 그렇게 생각하고 있다는 것이다.

나의 어록

나는 매월 초, 전체회의와 직급별 주간회의를 통해 임직원들의 업무역량을 고취하고 마음가짐을 다지는 시간을 가졌다. 다음의 글들은 그때에 내가 임직원들에게 귀가 아프도록 반복했던 말들이다. '어록'이라기엔 쑥스러운 면이 있으나 그렇다고 달리 표현할 적절한 말도 없어 일단 '어록'이라고 분류했다. 오랜 세월에 걸쳐 내가 했던 말이 이것만 있는 건 아니지만 회의기록을 찾아 의미 있는 몇 가지만 여기에 소개하겠다.

말은 사람의 생각을 표현하는 것이기에 이 글을 통해 나의 생각을 이해하고 더 나아가 우미의 철학과 바탕을 음미해보는 계기가 되기를 기대한다.

직원들에게 끊임없이 나의 철학을 이야기했다.

살다 보면 인생에선 주기적으로 어려움이 반복되는 것 같다. 역경을 극복하려면 원칙과 기본에 충실해야 하며, 피하기보다 오히려 적극적으로 대처하면 위기를 기회로 전환시킬 수 있다.

- 2003. 3. 18.

"젊어서 고생은 사서도 한다"라는 말이 있듯이 우미에 근무하기 조금 힘들고 긴장이 된다면 여러분이 앞으로 인생을 살아가는데 큰 도움이 될 것이며, 처음부터 편안하고 느슨한 직장은 자기 발전에 바람직하지 못할 것이다. 긴 안목으로 보면 너무 안정적인 직장이 오히려 자기계발을 더디게 하고 큰 성공에 장애가 되는 수가 많다. 요즘 젊은이들이 안정적인 공직에 취업하려 하거나 대기업을 선호한다는데 내가 보기엔 큰 성공을 기대하기 어렵다. 젊었을 때부터 편안하고 안일한 자세로 직장생활을 한다면 인생의 발전이 없기 때문이다.

- 2003. 4. 22.

일반적으로 실패한 사람은 자기 분야의 역할도 충실히 수행하지 못하면서 다른 분야의 일을 하려고 한다. 그러나 성공한 사람에겐 다른 분야에 관심을 갖기보다는 자신의 분야에 충실하려는 경향이 있다. 따라서 무엇보다 자신의 분야에 완벽하리만큼 충실해야 한다. 그래야 다른 분야에 진출하더라도 두각을 나타낼 수 있다.

- 2003. 5. 13.

상관은 잘났거나 못났거나 모두 스승이다. 그리고 우리는 동료를 선의의 경쟁자로, 부하를 애정과 지도의 대상으로 봐야 한다. 그리고 사람을 판단할 때 인간으로서 자신의 삶을 완성하는 데 배울 수 있는 사람인지, 아니면 그대로 따라하지 말아야 할 반면교사反面教師인지를 구분할 줄 알아야 한다.

- 2003. 5. 13.

늘 근검절약하라. 요행이나 횡재를 바라지 말고 피땀 어린 노력과 근검절약, 그리고 정도를 걸어 포착한 기회로 재산을 형성해야 한다. 행복하고 훌륭한 가정을 만들기 위해서는 최소한의 생활자금으로 근검하는 습관을 들여야 하며, 저축을 먼저 하고 돈을 쓰는 자세가 중요하다. 한번 생활수준을 높여놓으면 그것을 낮추기가 매우 어렵다. 따라서 젊었을 때부터 검소한 생활을 생활화하여야 하며, 50대 이후에 점차적으로 생활수준을 높여가는 것이 삶의 지혜다. 자녀들에게도 자립정신을 길러주기 위해 지혜를 발휘해야 하며, 특히 노후생활 대책은 젊었을 때부터 미리 준비해야 한다.

- 2003. 5. 27.

경영이념은 철학적인 요소와 현실적인 흐름이 적절히 조화를 이뤄야 한다. 회사와 국가를 위해 열심히 노력하는 것이 자기 자신을 위한 것으로 귀결돼야 현실적인 의미가 있다.

- 2003. 7. 29.

항상 하루를 마감하면서 그날 있었던 일들을 정리하고 기록하는 습관을 가져야 한다. 그래야 과거의 나를 되돌아볼 수 있으며, 반성과 미래에 대한 설계 등 자아성찰을 할 수 있다.

- 2003. 9. 23.

정도의 삶을 살다 보면 때로는 이익보다 손해를 보는 일도 있다. 그러나 지금 당장 손해를 보는 듯하지만 장기적으로는 정도의 삶이 개인이나 조직의 큰 발전을 가져온다. 직장생활이나 일상생활에서 정도를 지켜나가는 사람이 올바른 조직인이며 참된 사회인이다.

- 2003. 9. 23.

천재는 약간의 노력으로, 수재는 꾸준한 노력으로 일을 성취한다는 차이점이 있다. 학생 때는 천재가 항시 수재를 앞서가지만, 인생에서는 끊임없이 노력하는 수재가 결국 천재를 앞서 성공한다.

- 2004. 3. 30.

일을 할 때는 집중력 있게 혼신의 힘을 다해야 한다. 자기가 맡고 있는 일에 혼신의 힘을 다할 때 자신의 업무를 완벽하게 처리할 수 있는 것이며, 연구하고 분석할수록 개척할 부분이 많아져 창의성이 발휘된다.

- 2004. 4. 6.

무릇 직장생활에 임할 때는 '이 회사가 아니면 죽는다'라는 각오로 배수진을 치고 일해야 한다. 애사심을 갖고 피나게 매진할 때 자신의 분야에서 성공할 수 있음은 물론, 나중에 회사를 떠나더라도 유능한 인재로 인정받게 될 것이다.

- 2004. 4. 20.

창의력은 깨달음이다. 창의적인 사람들의 업무지침은 '교과서'보다 우수하다. 이런 창의적인 사람들의 지침(사례)을 참고하여 피나는 노력을 한다면 깨달음(창의력 형성)에 이르게 될 것이다. 창의력은 모방에서 시작되는 것이며, 모방을 거쳐 자신이 스스로 창조할 수 있는 능력을 키울 때 비로소 창의력이 완성된다. 창의력을 키우는 가장 기본적인 방법은 신입사원 때부터 기본에 충실한 업무처리 습관을 들이는 것이다. 특히 간부들은 창의력 없이 그 지위를 유지할 수 없을 것이며, 창의력이 밑바탕이 돼야 변화에 적응할 수 있고 주변 환경을 리드할 수 있다. 그리고 일을 할 때 상사의 의견에 무조건 동의하거나 따르지 말고 자신의 의견을 제시하고 질문할 줄 알아야 한다.

- 2004. 5. 18.

뼛속 깊이 원하는 목표를 세워라. 이 세상은 '원願'을 세우는 자, 목표를 세우는 자의 것이다. 따라서 자기가 원하는 목표를 추구하고자 할 때는 얼마나 간절히 원하느냐에 따라 인생이 달라진다. 우미의 사장이 되겠다는 목표를 세우고 열의를 다해 간절히 바라면 모든 행동이 그 원을 이루기 위해서 변하게 되어 있다. 다만 행동으로 옮기지 않고 가만히 앉아 목표가 이루어지기를 바란다면 그것은 목표가 없는 것과 마찬가지다.

- 2004. 6. 1.

미국의 어느 유통기업의 경우, CEO가 건강상의 이유로 사퇴를 발표하자 주가가 54%나 폭락하는 사태가 발생했다. 이 사례를 통해 CEO가 기업에서 차지하는 비중이 얼마나 중요한지를 알 수 있다. 그러나 기업의 영속성을 위해서는 특정인이 없어도 기업이 잘 운영될 수 있도록 조직시스템을 완비해야 한다.

- 2004. 6. 15.

임직원 여러분들이 훌륭히 배우고 성장하여, 인생에서 성공하는 데 우미에서 근무한 것이 도움이 되길 바란다. 직장을 통하여 얼마나 훌륭하게 성장하느냐에 인생의 성공 여부가 달려 있는 것이다. 결코 입사하기 전의 조건(학력, 자격증 등)들이 중요한 것은 아니다. 늦지 않았으니 이를 악물고 피나는 노력을 하기 바란다.

- 2004. 7. 13.

인생을 살아갈 때 자기 자신을 완전히 연소시킬 만큼의 피나는 노력 없이 안일하게 살아서는 절대 성공할 수 없다. 또한 실패 없이는 큰 인물이 될 수 없음을 알아야 한다. 다만 그 실패를 명확히 분석하여 피나는 개선의 노력을 기울이는 자세가 중요하다.

- 2004. 8. 10.

인생은 단거리경주가 아니라 장거리경주라는 것을 명심하길 바란다. 장거리를 뛰기 위해서는 건강관리와 스트레스 해소가 매우 중요하다. 일을 하다 보면 스트레스가 쌓이고, 그것을 해소하지 못하면 건강을 해치는 것은 물론 역량의 발휘도 제대로 못한다. 따라서 열심히 일하는 것 못지않게 휴식을 취할 줄도 알아야 한다. 건강관리와 스트레스 해소를 위하여 내가 권장하는 것은 가벼운 체조와 명상으로 마음의 평정을 갖고 화두를 되새기며 하루를 시작할 수 있다.

- 2004. 11. 16.

법정 스님의 책에서는 아무 생각 말고 마음을 비워 가만히 앉아 있는 것(무상)이나, 자신이 할 일을 차분하게 생각하는 것도 명상이며 걸어 다니면서 생각하는 것도 명상이라고 했다. 나의 경험으로 말하면, 아침에 일어나 잠깐 눈을 감고서 무상·무념으로 있다가 눈을 지그시 뜨고 오늘 해야 할 일들을 차분히 생각한 다음 기도하는 마음으로 화두를 되뇌고 다짐하는 방법으로 명상하는 것이 가장 좋은 방법이다.

- 2004. 11. 16.

어떤 일을 하든 주도적으로 하면 머리가 발전하여 다른 일도 더 잘 할 수 있게 된다. 주인의식을 가지고 일을 하면 문제점이 보이며, 열의가 생기고, 일이 괴롭거나 지루해지지 않는다. 주인의식을 가지고 일하면 결국 주인이 된다.

- 2004. 11. 30.

하루하루가 모여서 인생이 된다. 단 하루라도 헛되이 보내지 않도록 노력해야 할 것이다. 진정한 인생은 고뇌와 시련을 이겨낸 승리 속에서 의미가 있다.

- 2004. 11. 30.

생각이 바로 운명이다. 똑같은 처지에 처했더라도 원대한 꿈을 가지고 사는 사람과 그렇지 않은 사람 사이에는 엄청난 차이가 일어난다. 또한 생각의 척도가 깊은 사람은 존재가치가 더 높아진다. 아무리 학식이 높고 아는 것이 많아도 생각하는 것이 미천하다면 그 앎은 의미가 없어진다. 내가 항상 "명상을 하라" "화두를 정하라"라고 강조하는 것이 바로 그런 이유에서다.

- 2004. 12. 14.

지금까지는 일을 추진하는 중에 막걸리 한잔 얻어먹는 것 등을 당연시하는 분위기가 팽배했다. 이런 풍조는 기성세대의 것이나 신세대의 의식까지 오염시키고 있다. 우미가 세계적인 기업으로 성장하기 위해서는 투명하고 깨끗한 회사가 되어야 한다. 그래서 윤리경영이 매우 중요하다. 건설업 특성상 자칫 부조리가 많을 수 있으나 우리 회사의 강점은 그런 게 없다는 점이다. 심지어 우리 마케팅팀 직원들을 보고 소위 '떳다방' 사장들이 놀랐다고 하더라. S백화점의 사장이 말했듯이 '뇌물을 줘야 회사를 살릴 수 있다면 차라리 회사를 죽이는 것이 낫다'.

- 2005. 2. 22.

스스로를 돌아보면 난 여러모로 결함이 많은 사람이다. 그러나 그것을 고치기 위해 피나는 노력을 해왔다고 생각한다. 나는 스스로를 포장하는 기술, 처세의 기술이 약하다. 남의 비위를 맞출 줄도 모르고 그저 내가 해야 할 일만 전력투구하는 스타일이다. 이런 점 때문에 동료 심지어 가족들에게도 원망을 사는 경우도 있었다. 그러나 돌이켜 보면 그런 성격이었기 때문에 현재 위치에 올 수 있었다고 생각한다.

- 2006. 1. 17.

인생을 가식적으로 살지 말고 진실하게 살자. 일반적으로 출근만 하면 자기 '밥값'은 한 걸로 생각한다. 그러나 남보다 인생을 훌륭하게 살기 위해서는 노력이 필수다. 우리 대부분은 노력하지 않고 남의 탓만 한다. 나이가 들어 늦었다는 생각은 어리석다. 이제라도 늦지 않았으니 인생을 정법으로 살면 세상이 보이기 마련이다. 바른 길이 보인다.

- 2006. 4. 11.

자기 자신에 대해 제대로 알고 인생을 정법으로 살자. 흔히 우리는 남이 하는 짓은 잘 보지만 정작 자기가 하는 짓, 자기결함이나 모순은 잘 모른다. 자신의 성공에 대해 말하기는 쉬우나 실패의 경우를 말하기는 어렵다. 자신의 결함은 모른 채 남의 결함만 지적하는 사람은 문제가 있다. 많은 사람들이 '자기포장'을 위한 말들을 하지만 남들은 그 실체를 정확히 꿰뚫는다. "등잔 밑이 어둡다"라는 속담이 있듯이 무엇보다도 먼저 자기 자신을 객관화시켜 정확히 볼 줄 알아야 한다.

- 2006. 4. 18.

책 속에는 지혜가 담겨 있다. 우린 책을 읽을 때 소화해서 읽어야 한다. 단순히 읽는 것만으로는 소용없다. 독후감을 쓸 수 있을 정도로 책을 소화해야 한다. 스스로 인생을 겪어서 살이 되고 피가 되려면 엄청난 대가를 치러야 한다. 남이 경험한 이런 사례를 책으로 보고 이해하면서 실패를 피해야 한다. 체험으로 경험하는 것은 너무 늦다.

- 2006. 4. 18.

정법으로 살아야 한다. 정법으로 살아야 성공한다. 나는 심지어 증권투자를 하더라도 절대 손해를 본 적이 없다. 신문기사에도 현혹되지 않고 증권사 직원의 말에도 흔들리지 않는다. 정법으로 투자하면 성공한다.

- 2006. 7. 25.

우린 남을 위해 살 줄 알아야 한다. 자기 이익에만 혈안이 된 사람하고는 같이 손잡고 일하기 힘들다. 결코 자신의 이익만 계산하는 사람은 성공할 수 없다. 인간은 사회적 동물이다. 남을 위해 머리를 쓰면 객관적인 사고를 할 수 있는 반면, 자기 이익만을 위해 머리를 쓰면 잔재주만 나온다.

- 2006. 7. 25.

피나게 노력하는 사람만이 성공한다. 로또에 당첨된 사람 중에 끝까지 잘사는 사람은 별로 없다고 한다. 왜 그럴까? 자신의 역량은 부족한데 돈만 많다고 행복할 수 없기 때문이다. 한 번밖에 없는 인생을 가치 있게 보내야 한다. 직장에서 철두철미하게 일하는 사람은 조직을 떠나서도 성공할 수 있다. 요령을 피우면서 시키는 일만 하는 사람은 절대 발전할 수 없다. 본인의 역량을 한껏 발휘해야 한다. 일을 성취해서 얻는 보람은 남에게 봉사하여 얻는 보람과 같다.

- 2006. 7. 25.

"생야전기현生也全機現, 사야전기현死也全機現"이라는 말이 있다. 살 때는 삶에 철저하여 그 전부를 살아야 하고, 죽을 때는 죽음에 철저하여 그 전부를 죽어야 한다는 뜻이다. 곧 삶과 죽음은 일치한다는 것이다. 꽃 중에도 필 때 확실히 피고 질 때 확실히 지는 모란꽃이 있는 반면, 핀 것인지 진 것인지 모를 개나리가 있다. 인생은 모란꽃과 같이 확실하게 살아야 한다.

- 2006. 8. 1.

변화와 혁신은 삶의 필수조건이다. 노력하지 않고 변화와 혁신을 말하는 것은 아무런 의미가 없다. 항상 새로운 생활을 추구해야 한다. 더불어 실천도 필수다. 책을 읽으면 실천해야 한다. 아무리 좋은 책을 읽어도 실천하지 않으면 무용지물이다.

- 2006. 8. 29.

명상을 하면 무엇보다도 먼저 몰입하게 되고, 이러한 몰입의 전제조건은 목표를 세우는 것이다. 목표는 달성하기에 너무 어렵거나 쉬우면 효과적이지 않다. 간부라면 능력의 120% 정도, 신입사원이라면 150% 정도의 목표를 세우는 것이 좋다.

- 2006. 8. 29.

요즘에는 덜하지만, 예전에는 종종 "이제 좀 쉬십시오"라는 말을 들었다. 물론 나를 위해서 말하는 줄은 알지만 한편으로는 참 한심한 소리다. 또 "사회에 환원해야 한다"는 말도 가끔 듣는다. 그런 말을 하는 사람치고 정말로 자신의 재산을 사회에 환원한 사람을 별로 보지 못했다. 사회환원의 의미는 넓다. 재산을 직접 내놓는 방법도 있겠지만, 나는 더 큰 의미에서 훌륭한 기업을 만들어 많은 사람들이 좋은 여건에서 일할 수 있게 하고 납세의 의무를 완수해 나라 발전에 이바지하는 것도 훌륭한 사회환원이라고 생각한다.

- 2006. 8. 29.

나는 역량이 부족하다 생각되면 깨끗하게 물러난다. 회사가 필요하다면 죽을 때까지 있을 것이고, 조직에 기여하지 못한다면 떠날 것이다.

- 2006. 8. 29.

우리 각자는 현재 주어진 위치에서 최선을 다해 열심히 노력하는 자세를 가져야 한다. 그리고 일하는 시기가 가장 행복하다는 것을 우린 알아야 한다. 군에서 제대하면 예비군 훈련이 귀찮지만, 민방위 훈련마저 끝났을 때는 그 옛날이 아쉬움으로 남았던 기억이 있을 것이다.

- 2006. 8. 29.

성공은 이타적인 자세로 자신의 일에 몰입할 때 찾아온다. 사람은 누구나 나름대로의 소망이 있다. 자기 자신과 가족을 위한 소망이라면 욕심에 불과하다. 이타적이고 모두를 위한 소망이라야 크게 성공하여 모두에게 빛이 될 수 있다.

- 2007. 9. 4.

나이 들어서 하는 일 없이 방에 틀어박혀 TV만 보며 지낸다면 틀림없이 나이 든 영감이다. 그러나 할 일이 있어서 자신에게 주어진 삶을 순간순간 펼치며 살아간다면 나이와는 상관없이 영원한 젊음을 누린다. 내게 '은퇴'란 죽기 시작한다는 것을 의미한다. 가치 있는 일에 싫증 내지 않고 전념하는 사람은 늙지 않는다. 나는 날마다 거듭 태어나며 다시 시작한다.

- 2007. 9. 18.

아무쪼록 신입사원 시절부터 좋은 습관을 가지려는 노력이 필요하다. 나이 들어서 이미 길들여진 습관을 바꾸려면 손가락을 자를 정도의 고통과 인내심이 필요하기 때문이다.

- 2007. 9. 18.

항상 현실에 충실하며 피나는 노력으로 자기혁신을 해야만 훌륭한 인재로 성공할 수 있다. 한 분야에서 1인자가 되어야만 다른 분야에서도 성공할 수 있다는 말을 명심하여 지금 하는 일에 최선으로 노력해줄 것을 당부한다.

- 2007. 11. 13.

20년 전 한 관상가가 "한국은 젊은이들의 얼굴 표정이 매우 좋아서 크게 발전할 것이다"하고 말했던 기억이 난다. 내가 베트남 '주월사령부' 비서실에서 관리장교로 근무할 당시, 베스트셀러 책을 쓴 미국 재미교포 문학 교수가 VIP로 방문을 했는데 그 사람이 "한국은 앞으로 장래가 밝을 것이다"라고 했다. 내가 왜 그러냐고 질문했더니 역시 "국민들의 표정이 밝기 때문"이라고 말했다. 이렇듯 밝은 표정은 매우 중요하다. 늘 해맑은 얼굴이 되도록 해야 미래가 밝다.

- 2008. 1. 8.

주인처럼 일하라. 주인처럼 일하면 어느 회사, 어느 분야에서든 성공할 수 있다. 성공의 핵심은 의식개혁이고, 그 개혁의 핵심은 주인의식이다. 수시로 보는 거울이나 책상 앞에 '주인의식'이라고 써놓은 종이를 붙여라. 그리고 아침에 출근하여 '주인의식'을 귀에 들리게 속삭여보라. 주변의 눈이 의식된다면 자신만이 알아볼 수 있는 글로 써서 붙여놓아도 좋다. 남이 들을까 싶으면 명상으로 생각해도 된다.

- 2008. 1. 28.

사람의 얼굴은 마음의 표상이다. 나는 성격이 급하고 직설적이지만, 사람들은 내 얼굴을 보고 나이에 걸맞지 않게 얼굴이 해맑다고 한다. 왜 그럴까? 항상 꿈을 품고 살았기 때문이다. 나이가 들면 피부에 탄력이 없어져서 입이 처지게 마련인데, 내 나이에 나만큼 입 끝이 올라간 사람은 드문 것 같다. 항상 꿈을 가지고 열심히 일하려 노력했기 때문에 얼굴도 변한 것이라 생각한다. 젊은 여러분들도 이런 자세로 살기를 권한다.

- 2008. 2. 19.

한 육종학자가 선인장을 가지고 실험을 했다고 한다. 선인장을 보며 "사랑한다, 귀엽다"라는 좋은 말들을 끊임없이 한 반면에 '그런데 가시는 없었으면 좋겠다'라고 볼 때마다 생각을 했다고 한다. 그러자 선인장의 가시가 없어졌다. 말과 생각은 이렇듯 중요하다.

- 2008. 3. 18.

아무쪼록 '스스로 정신'을 가지고 스스로 회사 일을 하는 능동적인 자세를 가져야 한다. '스스로 정신'이란 능동적 패기를 말하는 것으로, 집념을 가지고 스스로 하려는 자세를 말한다. 피동적으로 일을 해서는 절대 성공할 수 없으며, '스스로 정신'을 가지고 일할 때 비로소 창의력이 발휘된다.

- 2008. 4. 1.

누구나 자신이 꿈꾸는 미래를 머릿속에 그리면 반드시 실현 가능해진다. 그러므로 되도록이면 구체적으로 꿈꾸는 미래의 상像을 머릿속에 그려보라. 먼저 자신의 인생에 대해 꿈꾸는 일부터 시작해봐라. 앞으로 어떤 사람이 되고 싶다든가, 인생을 이렇게 살고 싶다는 등의 대담한 꿈을 그려보는 것이 중요하다. 똑같은 처지에 놓여 있더라도 위대한 꿈을 가지고 사는 사람과 아무런 꿈도 의욕도 없이 생활하는 사람과는 인생의 결과가 하늘과 땅 차이다.

- 2008. 4. 15.

인생을 사람답게 산다는 것은 자신과 영혼을 일치시키는 것이다. 영혼이란 하고 싶은 일에 열정적으로 몰두하는 힘을 뜻하고, 이를 건설업으로 말한다면 혼이 담긴 집을 건축한다는 의미다.

- 2008. 5. 6.

아름다운 사람이 되어라. 아름다운 사람은 생기가 넘쳐흐르고 내면에 열정을 가졌다. 아름다운 사람은 자기 인생의 목표, 화두가 있는, 즉 수처작주와 같은 자세를 가진 사람이다. 오늘이 처음이자 마지막이라는 마음가짐을 가지면 언제나 긴장을 할 것이고 신선한 모습의 아름다운 사람이 될 것이다.

- 2008. 5. 20.

우리가 어떤 일을 할 때, 일과 생각이 따로 흩어지면 일의 능률도 안 오르고 일하는 즐거움도 없을 것이다. 일과 생각이 하나 되어 순수하게 집중하고 몰입하면 그 일을 통해 일의 기쁨뿐만 아니라 삶의 잔잔한 즐거움과 함께 마음의 안정도 가져올 수 있다. 일을 통해서 일 뒤에 가려진 세계까지도 내다볼 수가 있다.

- 2008. 6. 17.

우린 가정생활에 충실하면서도 자신의 일에 몰입하는 인물이 되어야 한다. 그래야 자신의 일에서 전문가가 될 수 있고 1인자가 될 수 있다. 그러지 못하면 나중에 큰 후회를 남길 것이다.

- 2008. 6. 17.

우미의 설립목적은 올바른 기업으로서 대한민국 1위 주택건설 회사가 되어 사회에 기여하고 임직원들이 행복하게 일하는 조직이 되는 것이다.

- 2008. 7. 1.

일에 집중하고 몰입하기 위해서는 아침 일찍 명상하고 사색하는 습관을 갖는 게 좋다. 명상이란 자신이 좋아하는 일을 하기 위한 전주곡으로, 마음을 비우는 것이다.

- 2008. 7. 15.

시대를 읽기 위해서는 우선 자신이 맡은 분야의 최고 전문가가 되어야 한다. 전문가로서 자신의 분야에 정통하면 미래를 예측할 수 있는 통찰력이 생긴다. 그것이 바로 창의력이다. 보고 또 보고, 생각하고 또 생각하고 일에 열정적으로 매진할 때 비로소 시대를 읽고 앞서가는 통찰력을 키울 수 있다.

- 2008. 10. 21.

우린 그 누구와도 대체할 수 없는 핵심인재가 되어야 한다. 남들은 세계무대에서 1등을 한다고까지 하는데, 우리가 각자 주어진 분야에서 최고가 되지 못할 이유가 없다. 각자 맡은 일에서 1인자가 되지 못한다면 훗날에 반드시 후회하게 된다. 자기 분야의 1인자로서 인생의 꿈을 향해 더욱 가까이 다가가자.

- 2008. 10. 21.

나는 그동안 사업을 하면서 엄청난 시련과 고난을 겪었고, 때로는 좌절에 빠지기도 했다. 하지만 그 많은 역경을 딛고 지금의 위치까지 올 수 있었던 것은 '대한민국 최고의 주택건설회사를 만들겠다'는 꿈을 잃지 않았기 때문이다. 매일같이 자신의 꿈을 머릿속에 되뇌며 실천의 노력을 멈추지 않을 때 비로소 꿈을 현실화시킬 수 있음을 명심하자.

- 2008. 10. 21.

항상 노력하라. 그러나 노력의 바탕에는 언제나 정직함이 있어야 한다. 정직하지 않으면 요령을 부리고 잡념에 빠져 결국 낙오된다.

- 2008. 10. 21.

동물은 적자생존의 경쟁에서 패하면 죽지만 인간은 그렇지 않다. 바꾸어 말하면, 인간은 조직시스템에 파묻혀 살아갈 수 있다. 큰 조직의 경우는 더욱 그렇다. 하지만 시대가 변하고 시스템이 변하고 있기 때문에 이에 얹혀사는 사람들은 갈수록 자신의 입지가 좁아져 한계를 드러내 결국은 도태되고 말 것이다. 자기 분야에서 묵묵히 능력을 발휘하는 사람은 본인이 내색하지 않아도 어떠한 상황에서든 빛을 발한다. 하루가 다르게 급변하는 세상에서 크게 성장하려면 자기 분야의 일을 잘하는 역량 있는 사람이 되어야 한다. 그것이 본인과 조직을 위한 것임을 마음 깊이 새겨주길 바란다.

- 2009. 1. 5.

강한 조직, 깨끗한 조직을 위해선 공정한 평가와 더불어 필요할 때는 반드시 '쓴소리'를 해야 한다. 상하 간에 '너도 좋고 나도 좋고'라는 식으로 잘못에 대해 눈이 멀면 결코 조직도 개인도 성공할 수 없다.

- 2009. 3. 2.

흔히들 사주팔자가 정해져 있다고 한다. 하지만 노력하면 운명은 바꿀 수 있다. 우리 주위에는 열심히 일하지만 생각보다 성공하지 못하는 사람이 많다. 그런 사람은 분명히 인생의 목표가 없거나 분명치 않기 때문이다. 인생의 목표를 세우고 열심히 하면 창의력이 나오고 판단력이 생긴다. 결국에는 소위 말하는 '말년 팔자'가 좋아진다.

- 2009. 3. 9.

미래에 우미의 사장, 중역, 임원이 되기를 바란다면 여러분의 역량을 최대한 키워나가야 한다. 회사와 자신의 발전이 평행으로 올라가면 아무 문제가 없다. 하지만 회사는 45도로 발전하는데 여러분이 30도로 발전한다면 함께할 수가 없다.

- 2009. 8. 3.

우미의 미래를 믿으며

내가 여러분에게 들려주고 싶은 이야기는 많다. 남기고 싶은 말도 많다. 그러나 많은 말이 깊은 뜻으로 전달되는 것이 아님을 역시 잘 안다. 그러기에 이쯤에서 마무리를 한다.

우여곡절 끝에 건축회사를 창업하고 여기까지 왔다. 좌고우면하지 않으며 오로지 주택건설의 외길을 걸었다. 젊은 날에는 젊은 대로, 그리고 나이 들어서는 노구를 이끌며 새벽부터 밤늦게까지 전력투구해 이뤄낸 것이 오늘의 우미다. 집을 짓는 것이 아니라 마음을 짓는다는 신념으로 말이다.

남들은 어떻게 평가할지 몰라도 주택건설 분야에서는 누구에게도 뒤지지 않는 좋은 회사를 만들었다고 확신한다. 물론 그 바탕에는 성실한 주인정신과 창의적 노력으로 헌신해준 우미의 임직원들이 있었고, 아직은 부족함에도 우미의 주택을 선택해주신 고마운 고객들이 있었기에 가능한 일이었다.

그러나 우미의 성공은 진행형임을 잊어서는 안 될 것이다. 잘 아는 바와 같이 지금은 상시위기의 시대요, 복합위기의 시대다. 항상 주위에 위기가 넘실거리고 여러 가지의 복합적인 위기요소가 상재하는 시대라는 말이다. 뉴스를 통해서도 우리는 그 위기를 분명히 보고 있다. 잘나가던 세계적인 일류회사들이 단 한 번의 실수나 판단착오, 불량한 제품 하나로 몇 조 원의 손실을 초래하는가 하면, 고객으로부터 외면당하고 때로는 바람과 같이 사라지는 것을 말이다. 일일이 거명하지 않아도 여러분에게 익히 머리에 떠오르는 기업이 있을 것이다. 이런 위기는 앞으로 더욱 더 심각하게 다가올 것이다. 세상이 그런 방향으로 진화하고 있기 때문이다.

내가 자전적 이야기를 책으로 남기는 이유가 바로 거기에 있다. 즉, 우미가 더 좋은 회사, 초일류 건설회사로 지속가능한 발전을 하려면 창업정신, 초심을 잃지 말자는 뜻에서 나의 창업 이야기, 그리고 창업자가 어떤 생각과 마음가짐으로 여기까지 회사를 끌어왔는지 우미의 가족들에게 알려줘야겠다고 판단했기 때문이다.

그리고 고맙게도 마음으로 지은 우미의 집을 선택해주신 고객들에게 "우리는 이런 마음으로 이렇게 집을 지었습니다"라는 진솔한 심정을 들려드리고 싶어서다.

이제 나는 일선에서 물러나, 이석준 사장을 필두로 열심히 일하고 있는 우미의 가족들을 보면서 흐뭇한 심정을 금할 수 없다. 그러나 방심은 금물이다. 세상은 점점 더 치열한 경쟁의 장이 되는 현실을 직시해야 할 것이다.

우미의 임직원들은 기억하겠지만 나는 늘 '가짜의 시대'가 가고 '진짜의 시대', '원칙의 시대'가 올 것이라고 말해왔다. 그렇다. 이제 진정성 있는 회사, 진심으로 사는 사람만이 미래가 있는 시대다. 얼렁뚱땅해서 일시적으로는 성공할 수 있겠지만 그런 사람, 그런 회사에 미래는 결코 없다.

그런 의미에서 나는 우미의 미래를 확신한다. 우미에는 진정성, 진심, 원칙이 있기 때문이다. 우리는 집을 짓지 않고 마음을 짓기 때문이다. 그 정신으로 일로매진할 것을 당부한다. 그리하여 이 세상에서 우미가 가장 좋은 회사가 되기를 기원한다. 그것은 나의 필생의 꿈이자 소망이기 때문이다.

우미 가족들, 우미의 집에서 사시는 고객들, 그리고 어떤 인연에서든 이 책을 읽은 독자들 모두의 행복과 건강을 기원 드린다.